学校という場の可能性を追究する11の物語

学校学のことはじめ

金澤ますみ
長瀬正子
山中徹二
［編著］

明石書店

はじめに――学校学への視座

学校学という言葉

この本のサブタイトルに「学校学」という言葉を記しました。この言葉は、私がスクールソーシャルワーカーとして学校に勤務をして10年くらい経った頃から、自分の中に芽生えた問題関心を表したものです。「学校学」という体系立てられた学問があるわけではありません。その関心というのは、次のようなことです。

私の関心は〈いま、学校世界に身を置く〉子どもにとって、また、〈その同時代を生きている〉私たちおとなにとって、「学校とは何か」「いま、学校とは、どういう場としてあるべきか」を問うことにあります。そして、その問いを「私が一人きりで考える、突き詰めていく」のではなく、活動領域や立場の異なる人たちと「同じ場で、その問いについて語る」中で考えていくという営みを、仮に「学校学」と名づけてみたのです。

というのも、私も含めて子どもの教育や学校に関与する職種にある人たちは、学校という職場において、対人援助職以外の人たちとじっくり話す機会がほとんどありません。それに、いま、学校という場をめぐる課題は本当にたくさんありますが、いまを生きている「子ども」が「子どもである間」に、私たちおとなが「明日から工夫できる何か」について、平たく語りあう場をほとんど持ち得ていないという問題に直面していました。

11の物語の共通点

そこで私は、職種も、経験も、立場も、研究領域も異なる人同士が集い、学校について語りあえる場として、２０１８年4月に学校学研究会をはじめました。この場があることで、問題関心を共有する人たちが集い、一人では思い至らなかったアイデアが語られ、私自身が一歩を踏み出すきっかけをもらうこともたくさんありました。

この本を一緒に作ったみなさんにも、それぞれの問題関心について学校学研究会で報告をしてもらい、それらをもとに、質問をしあったり意見を交換したりしながら、今回の物語を書いてもらいました。原稿の冒頭には「私と学校」をテーマに個人史的なエピソードを書いてもらうようにお願いしました。執筆者11名の年齢は30代から70代です。それぞれに学校生活を過ごした年代が異なりますから、学校に対する思いにも時代背景が反映している部分があると思います。それに、職業もばらばらです。学校の先生、スクールソーシャルワーカー、スクールロイヤー、学校以外の場で子どもを支える活動をしている実践者、研究者（子どもの権利、生徒指導論、カウンセリング心理学、社会的養護、発達支援、自殺の社会学などを研究テーマとしている人たち）などです。

これら11の物語には、学校という場をめぐる課題の解決をめざして、「学校」をあきらめず、学校という場の可能性を見つけていこうというところに共通点があります。

物語と物語の接点

そして、実は、それぞれの物語も相互に関連しあっています。

一人ひとりが紡いだ物語を読むと、これらのテーマは、学校にかかわる人たちだけではなく、誰しもが、そのテーマに関与しうる可能性を持っていることがよくわかります。逆にいうと、色々な立場にある人がそのテーマについて意見を出し合うことによって、はじめて問題解決の糸口が見えてくるのかもしれません。

たとえば、私は「子どもの権利条約を、子ども自身に届ける——絵本を取り入れた出前授業」という物語を書きました。この取り組みは、以前からぼんやりとは考えていたのですが、自分の中でもイメージがはっきりとしない時期が長く続きました。そのイメージが、学校の先生に提案してみようと思う出前授業として明確になったのは、この本にある3人の物語の影響があります。

本書に書かれている長瀬さんの中学生の頃のエピソードをお聞きしたときに、「同じことを考えている人がいた」と大きな勇気をもらいました。学校で、子どもたちに出前授業を行う可能性は、郭さんが紹介されている修復的対話の実践に影響を受けました。そして、出前授業のテーマである

「相談する力を育む」×「相談できる学校環境づくり」の構想は、平野さんの自殺の社会学という研究に出会ったことでより明確になりました。

学校学研究会では、報告者の実践や活動への思いをじっくり聞き、そこで生まれた素朴な疑問について尋ね、その質問に答えてもらう営みを繰り返します。その往復のやりとりを経て、報告者の物語の一部が、自分の物語にも組み込まれていくのかもしれません。

学校学研究会の試み

ここで、学校学研究会について紹介しておきたいと思います。

学校学研究会は、桃山学院大学地域社会連携研究プロジェクト「学校という場をめぐる諸課題の解決に向けた学際的研究」の一環として立ち上げたものです。このプロジェクトを立ち上げるとき、研究目的とその方法について私は次のように記し、一緒に考えてくれる仲間を探しました。

学校という場に身を置く子どもにとって、また、その子どもたちと同時代を生きている私たち大人にとって「いま、学校とは、どういう場としてあるべきか」を問うことは、多くの学問領域や専門職においても重要なテーマである。しかし、これまで「いじめ」「不登校」「学級崩壊」等の研究は、社会福祉学、教育学、心理学、法学、医学、経済学、その他それぞれの学問領域が個別にアプローチをするにとどまる時代が続いている。しかし、今日の複雑な課題を解決するためには、単一の学問領域からのアプローチでは限界がある。そこで本研究は、「学校という場をめぐる諸課題」について学際的に議論することで、地域・社会的課題としてとらえなおし、それを解決していくための方法を探求することを目的とする。

その目的を達成する方法として、①「学校という場をめぐる諸課題」に対して、複数の学問領域の研究者や実践者が、同時に集まり課題解決を議論する場を創出する、②議論された解決のモデルを研究者や専門職にとどまらず、当事者である子ども本人や保護者、学校にかかわるNPOや自治会の人なども含めた地域住民と共有するデザインを検討することにある。このデザインは、ソーシャルデザイン（「人間の持つ『創造』の力で、社会が抱える複雑な課題の解決に挑む活動」寛裕介（2013）『ソーシャルデザイン実践ガイド』英治出版）の考え方に立ち、芸術分野の実践者とも協働する。

このようにしてはじまったのが学校学研究会です。具体的な活動としては、学校という場の課題解決に取り組んでいるさまざまな実践を知るための「学校学勉強会」と、その課題解決の方法を周知するデザインを考える「ソーシャルデザイン検討会」の2つの企画を開催してきました（10～11

頁は2018年度～2020年度に開催してきた企画の一覧です)。

これらの企画には、3年間で専門職や多領域の実践者、研究者に加えて、子どもやその保護者などを含む延べ500名を超える参加があり、この場をつくることの目的のいくつかを実現することができました。そして何よりも、これらの企画の実施そのものが、人と人とをつなげるきっかけになり、参加者たちの「翌日からの実践」を生み出すこともあるとわかりました。たとえば、勉強会の内容が子ども支援に活かされた事例があったり、アーティストとの協働により、子どもたちを取り巻く課題が広く市民にも伝わる機会となり、企画に参加してくれた人たちが、新しい活動をはじめるきっかけになったりしたこともありました。

学校学研究会を通して、学校という場の可能性を改めて実感しています。

学校について語ることからはじめるということ

いまでは、このプロジェクトをはじめたときにはまだ知り合ってもいなかった領域の方々とも、学校をテーマに語る機会がうまれました。建築、不動産、印刷、広告デザイン業界などの民間企業の方々や、舞台芸術、絵本作家、翻訳家などです。このような広がりにつながったのは、多くの人たちが「いまの学校について」いろいろな思いを持っておられるからだと思います。

学校が好きだった人も、嫌いだった人も。

学校が楽しかった人も、苦しかった人も。
学校という場で救われた人も、傷つけられた人も。
学校を一日も休んだことがない人も、一日も行かなかった人も。
学校に行きたくないのに休めなかった人も。
学校に行きたいのに行くことができなかった人も。

この11の物語は、学校学をはじめるためのきっかけの物語になるのではないかと考えています。私たちは、これからも学校という場の可能性を信じる人たちと、学校という場をめぐる課題について語ることを続けていきたいと思っています。この本の物語と、この本を読もうとしてくださっている方ご自身の物語との間に、何かしらの接点を探してもらえると幸いです。

金澤　ますみ

※本書は、桃山学院大学総合研究所共同研究プロジェクト（地域連携18連２６８）「学校という場をめぐる諸課題の解決に向けた学際的研究 An multidisciplinary study related to solution of school problem」の研究成果です。

学校学研究会・学校学勉強会

2018年度		
6/30	自立援助ホーム視察	勉1
8/28	障害の気づきから展開されるスクールソーシャルワークの実践と役割	研1
10/26	大阪府立学校におけるスクールソーシャルワーカーの活動――校種による違いと共通点	勉2
12/1	どう変わる？ 生活保護制度改正と高校生の学校生活	勉3
2/13	生徒指導をめぐる教師教育の方向性と課題	勉4
2019年度		
6/21	学校現場における「修復的対話」実践の可能性	勉5
8/16	高校・支援学校におけるスクールソーシャルワーカー等専門職との協働のあり方について	研3
9/1	地域づくりとSDGs「小学生向けの野外活動プログラムの可能性」	勉6
11/10	精神科診療所と学校の連携可能性――子どもの心と暮らしと学校と	勉7
12/15	学校年代の子どもの自殺防止を考える	勉8
2/18	部活動の教育的意義について	研4
2020年度		
9/11	地方小都市における機関連携を軸にした子ども支援の実際と可能性	研5
10/31	①コロナ禍における子どもの居場所の現状について情報共有 ②子どもの権利条約31条の保障の可能性について議論	勉9
12/27	なければ、生みだす。スクールソーシャルワーカーの実践報告 ①子どもたちのアート展の開催 ②長期一斉休校明けに行った、子どもたちとの「出会いのワーク」	勉10
1/22	社会的養護の子どもたちに、将来の選択肢を届けたい	勉11
3/12	子どもの高次脳機能障害と学校生活のサポート	勉12

※勉＝学校学勉強会／研＝学校学研究会

ソーシャルデザイン検討会

2018年度		
8/17	教育・福祉分野の課題改善に向けたデザインの可能性	1回
10/13	「夕刻を支える場」の実践からギター教室の開催へ——子どもに文化的体験を届ける活動の意義と課題	2回
2019年度		
10/6	芸術活動をとり入れた「子どもの権利を伝える」方法の検討 ①音楽を通して伝える子どもの権利 ②絵本を通して伝える子どもの権利	3回
1/12	音楽を通して伝える人権教育の可能性——子どもの権利条約の具現化に向けて	4回
2020年度		
11/8	子どもたちに音楽の届け物を（ZOOM開催：演奏＆子ども支援の現場からの報告）	5回
3/13	子どもの権利条約をどう伝えるか——音楽劇の可能性	6回

学校学研究会の活動（一部）

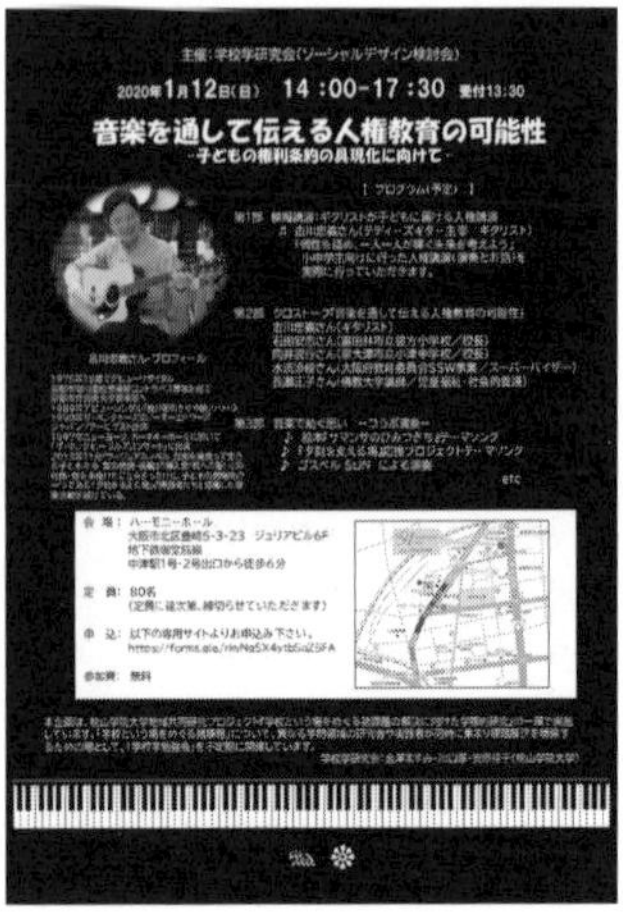

2020 年 1 月
第 4 回　ソーシャルデザイン検討会
音楽を通して伝える人権教育の可能性
―子どもの権利条約の具現化に向けて―

2019 年 11 月
第 7 回　学校学勉強会
精神科診療所と学校の連携可能性
―子どもの心と暮らしと学校と―

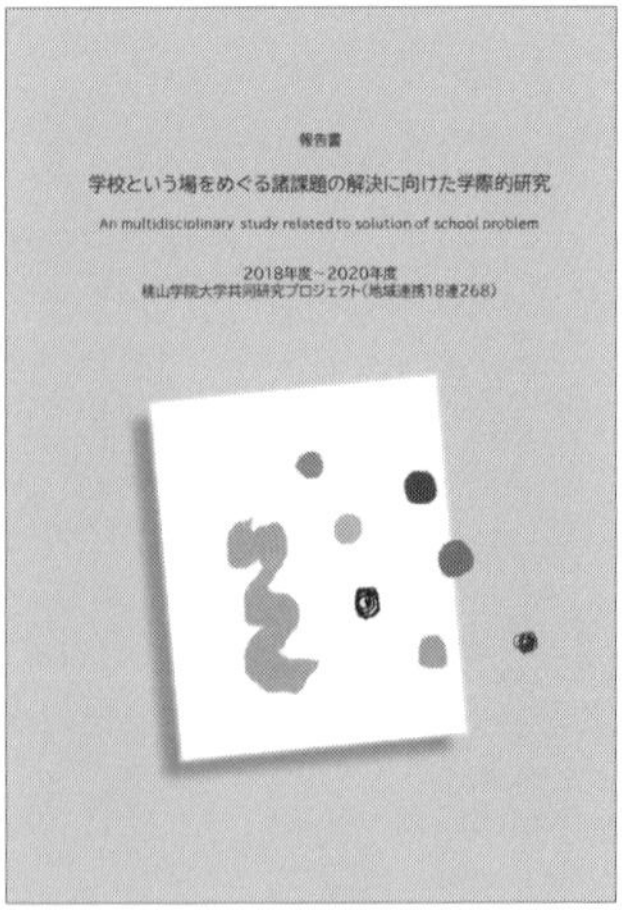

報告書
『学校という場をめぐる諸課題の解決に向けた
学際的研究』2018 年度～ 2020 年度
桃山学院大学共同研究プロジェクト
（地域連携 18 連 268）

2020 年 11 月
第 5 回　ソーシャルデザイン検討会
子どもたちに音楽の届け物を（ZOOM 開催）
演奏＆子ども支援の現場からの報告

学校という場の可能性を追究する11の物語◉目次

01

愛情・安心・安全に包まれた学校環境をつくる

～スクールロイヤーの思い～

峯本耕治

みねもと・こうじ

1959年生まれ。1990年弁護士登録（大阪弁護士会）。長野総合法律事務所。大阪府スクールロイヤースーパーバイザー、大阪府・滋賀県・和歌山県スクールソーシャルワーク事業スーパーバイザーを務める。スクールロイヤーをモデルにしたNHKドラマ『やけに弁の立つ弁護士が学校で吠える』における法律考証を担当。著書に『子どもを虐待から守る制度と介入手法』（明石書店）、『子ども虐待と貧困』（共著、明石書店）、『スクールソーシャルワークの可能性』（共編著、ミネルヴァ書房）など。

はじめに

私は現在、弁護士としてさまざまな個人や家族、企業の相談を受ける一般的な業務とともに、スクールロイヤーとして、多数の学校や教育委員会の相談を受け、学校教育をサポートする活動を行っています。

私がスクールロイヤーの活動において大切にしている価値は、「学校を子どもにとって愛情・安心・安全の居場所に」という思いです。「安心・安全」に加えて「愛情」「居場所」を入れているのは、子どもの社会的自立に向けた成長発達を保障するためには、「虐待や暴力、いじめ、体罰その他のハラスメント、事故等の不安のない安心・安全の環境」とともに、「子どもが愛されている、大切にされていると感じることができる居場所（愛着・信頼関係）」「少しでも自尊心が満たされる、自信を持てる、楽しいと感じることができる居場所」「対人関係スキルの学びその他の発達保障に向けたさまざまな刺激と学びの居場所」のいずれもが重要であると確信しているからです。

この確信は、本稿の後半で紹介していますが、私が弁護士になって以降の、学校における子どもの人権問題への取り組み、少年事件の付添人活動、児童虐待問題への取り組み、学校サポートシステムの取り組み等の中で、次第に培われてきたものですが、いま振り返ると、その前提として私自身の小学校から大学までの学校生活の経験と記憶が濃厚に関係していると感じています。

そこで、私の小学校から大学までの学校生活の振り返りにも、少しお付き合いいただければと思います。

1 弁護士になるまで（子ども〜学生時代）

「愛情・安心・安全の遊びの場」としての小学校

私の小学校時代を、自分自身でアセスメントをしますと、低学年のときは、「いわゆる内弁慶で、元気だけど、自信がなくて、人見知りで、周囲の評価を気にする、いわゆる過剰適応型の子ども」という感じです。それにはもちろん環境的原因があったわけですが、そういう私が、自覚的に変化していったのが小学校4年生以降です。安心できる友人関係ができて、友達と遊ぶことが楽しくて仕方がなくなったのです。休み時間のたびに、運動場に出てボール遊びをしたり、自分たちで独自ルールを決めて、陣取りゲームや追いかけっこをするというような遊びを繰り返していました。特に、5〜6年生になってからは、クラス全体の一体感を感じることができるようになって、友達と遊ぶために毎日わくわくしながら登校していました。帰宅後も、家の前の公園に友達が集まってきて、野球やサッカーをした後にビー玉遊びをして、日が暮れるまで遊ぶ毎日を年間300日近く送っていました。そういう意味では、私にとっての小学校は「先生に見守られながらの友達との遊びの場」であったと言ってよいと思います。当然のことながら喧嘩もたくさんしましたが、おそらく、そんな濃厚な友人関係がさまざまな対人関係スキルを身につける機会になったと思います。また、次に紹介する担任との関係を含めた安定した愛着関係が、私自身の人への基本的信頼感や自己肯定感のベースになっているように思います。

なかでも担任の先生は、大変重要な存在でした。特に5、6年の担任の先生は「とにかく、エコひいきがなく、クラスの全員を平等に愛してくれている」ということを実感できる先生でした。おそらく、それがみんなの安心感につながり、クラス全体の一体感や自己肯定感の高さにつながっていたように思います。卒業時に先生が一人ひとりの日記帳の最後に贈る言葉を書いてくださったのですが、私への言葉は「峯本は　峯本らしく、自分らしく」という意味深なものでした。おそらく、私の中にある過剰適応型の課題を感覚的に見抜いておられたのではないかと思います。その意味深さゆえに「自分らしさって何」とか「自分がどんな人間で、どんな人になりたい」等の点について少し考えるようになって、いま風に言えばメタ認知のきっかけになったように思います。このメタ認知力は、しんどいときに自分自身をエンパワーしたり、仕事上においても依頼者のしんどさや課題をアセスメントし、効果的な支援を行ううえで、大きな武器となっています。

中途半端な中学校生活と学習面の「居場所」

中学校に入ると、自由に遊んでいた小学校時代と異なり、新しい友人関係を含め、色々な不安の中で、何となく落ち着かない毎日を送りました。軽いものですが、いじめ被害も経験し、幼稚園時代からの友人に救われました。一番の挫折体験は、バスケットボール部を2学期途中でやめてしまったことです。それが情けなく、その負い目を最後まで背負った中学校生活になりました。

ただ、結果的には、部活をやめたことで少し勉強に関心が行くようになり、定期試験前の2週間だけなのですが、自分で計画を立てて、集中して勉強するようになり、成績が伸びはじめました。それが「その気になってやればできる」という自信と学校生活における「居場所」になっていきました。部活が挫折した中で、どこかに自尊感情が満たされる「居場所探し」をしたのだと思います。ただ、そうは言っても、中学校時代は、小学校時代と比べて、先生とのつながりも薄めで友達との関係も何となく不安を抱えており、愛情・安心・安全感とやりきった感の乏しい中途半端な時期でした。

部活動を基盤とした愛情・安心・安全の高校生活

高校生活は、希望とともに大きな不安の中でスタートしました。地元を離れ全く新たな人間関係を築かなければならないという不安に加え、中学では一応勉強ができるという点が「居場所」になっていたのですが、高校に入ると周りが優秀な連中ばかりで、自分の学力が相当低いという現実に直面しました。自信のあるものが突然なくなる感じで、大きな不安感でした。

この不安な高校生活を救ってくれたのがハンドボール部との出会いです。中学の挫折体験を乗り越えるために、部活をしたいという思いを持っていたところ、先輩に声をかけられてハンドボール部に入部しました。これがなかなか面白いスポーツで、それなりに強いクラブでしたので、引退するまでの2年半、本気でインターハイ出場を目指して、まさに徹底的に部活動にはまり込みました。

ハンドボールは7名でやるスポーツですが、ちょうど同期が7名で、全員が不思議なほど相性が良く、全体練習が終わってからも、1年だけが残って真っ暗になるまで練習をして、くたくたになってグラウンドにひっくり返って自己満足感に浸り、そのあと全員で近くの小さな食堂に行って会話をするというのが日課でした。とにかくそれが最高に楽しく、毎日、放課後の部活動とその仲間と過ごすことを楽しみに学校に行っていました。当時の公立校には、勉強ができなくても、部活を一生懸命やっていれば、先生にも認められ、可愛がられるという雰囲気と余裕があり、私は、その特権を最大限利用していました。

一方で、当然のことながら、勉強面では超低空飛行状態が続きました。これも公立の進学校特有の良さでもあり、しんどさでもあるのですが、「どんなにやんちゃをしていても、大学進学という出口から逃げられない」という心理的状況に置かれています。私もどこかで勉強しないといけないと思いながらも、完全に逃避をしている状態でした。当時はクラスの半分以上が浪人する時代でしたので、2年の中頃には浪人生活を覚悟していましたが、2年の担任が家庭訪問に来て、母親に対して「息子さんをハンドボールのプロにしはるつもりですか？ 100%浪人です」と断定して帰ったのには、さすがに驚きました。いまなら困難な保護者対応問題になりそうです。

ただ、結果的に良かったのは、中途半端に勉強しなかったことで、「部活は頑張れている。勉強も頑張ればなんとかなる。いまはやっていないから、できてないだけや。やればできる」というように、自分をごまかすことができて、それによって、最低限の自尊感情（自信）を維持できたことです。

当然のごとく、大学受験に失敗し、浪人生活に突入しました。現役時代に本気で勉強したことがなかったので、不安で一杯でしたが、中学時代の経験が活きて、自分自身で計画し、試行錯誤を繰り返しながら、必死になって勉強しました。その結果、何とか無事に大学に合格でき、これも私自身の大きな自信になりました。

このように私の高校生活は、基本的に部活動を基盤として「愛情・安心・安全な環境」と「自尊感情が満たされる居場所」が形成されていたのです。当時の運動部ではめずらしくなかった体罰やいじめ等のハラスメントもなく、生徒の自主性が尊重された恵まれた環境にありました。

いま振り返ると、「もし、入学時にハンドボール部とその仲間に出会わなかったらどうなっていたのだろうか」とか、「もし中学校と同様に、部活で挫折していたならどうなっていたのか」「もし、浪人時代に成績が伸びなかったらどうなっていたのか」等と考えると、ある意味で危機一髪感のある高校生活でした。

ラグビーにかけた大学生活と後輩のスポーツ事故死

大学生活は、京都で下宿し自由な学生生活を送ることになりましたが、入学後すぐにラグビー部に所属し、結局、4年間にわたり全く勉強をせずに、全国大学選手権出場を目標に、高校以上に部活一辺倒の生活を送ることになりました。大学4年間で、入学直後の1週間に数コマの講義に出ただけで、その後卒業するまで講義には一度も出席したことがないというあまりにも極端な大学生活を送ってしまいました。ラグビー部の練習、仲間との飲食、深夜までの麻雀に明け暮れる生活を、ひたすら繰り返した4年間でした。人がどう感じるかはともかくも、私自身は本当に幸せな4年間でした。

しかし、その4回生の最後のリーグ戦が始まる直前の9月15日に、大阪長居競技場で行われた慶応義塾大学との定期戦において、3回生の後輩が試合終了と同時に倒れて数日後に亡くなるという学校スポーツ事故が発生しました。私が勧誘して入部してくれた後輩でした。彼はスクラムの最前線のプロップというポジションの選手だったのですが、試合終了の数分前のスクラムのときに不自然な症状が出ており、スクラムハーフだった私は横でその症状に気づきながら、その段階で止めることができず、そのまま最後までプレーして倒れました。最初は原因が判らず、京大病院から医療チームが来てくれて、最終的には「がんばり悪性熱中症」という難病であることが判明しましたが、発症後すぐに注射を打たないと回復しないという厄介な疾患でした。

毎日一緒に過ごしていた後輩の死に直面して、ものすごい悲しみと喪失感、それに加えて、あのときプレーを止めていたら助かったのではないかとか、そもそも自分がラグビー部に誘わなかったらこんなことにならなかったのではないか等の罪責感で一杯の状態になり、こんな不幸なことがあるのだろうかと、数日間泣き続けていました。喪失感と罪責感、それまで築いたものがすべて無になるような感覚（自己肯定感が一挙に失われる感覚）で、しばらく何をやってもすぐ涙が出てくるので、自分でも驚きました。ある種のトラウマ症状だったと思います。

とてもラグビーをやれる精神状態ではなく、4回生はリーグ戦を辞退しようと決めていましたが、しばらくすると、同期である3回生の全員から「このままリーグ戦を放棄したら亡くなった本人に顔向けできない」「自分たちも一生後悔することになる」等の声が上がり、最終的には1、2回生を含めた後輩全員からリーグ戦への出場を求める声が上がりました。

そんな中で、私自身も少しずつ元気を回復し、4回生の中からもやろうという声が上がりはじめ、最終的には、亡くなった後輩のご両親の支えもあって、リーグ戦を戦うことになりました。喪失感を抱えたままの戦いでしたが、12月末のシーズン終了まで、何とか全試合を全力で戦うことができました。あのときリーグ戦を放棄していたら、大学4年間が無になるような感覚に陥り、そのあと司法試験受験には向かえなかった可能性が高かったと思います。

学校スポーツにおいても怪我はつきものですが、死亡事故は絶対に出してはいけません。「死亡につながるリスクがあるときは、どんな大事な場面でも絶対に止める」というのが最も重要な危機管理視点だと思います。

いずれにしても、この後輩の死亡事故は私の人生観を大きく変えました。

仲間に支えられた司法試験の受験生活

ラグビー部の同期が卒業した後、大学5回生の4月から、弁護士を目指して司法試験の勉強を開始しました。私の司法試験受験については、先輩、同期、後輩を含め、周囲のほとんどの人から「絶対無理」と猛反対されていました。ただ、直接的に社会性の高い仕事がしたいという思いがあったことと、何よりもクラブ活動を終えて、そのまま企業に就職するのでは、どうしてもやり残した感があって嫌だったのです。

しかし、当時の司法試験の受験は、卒業後にゼロからスタートするには、あまりにも無謀な世界でした。その世界に友人もなく、情報もなく、しなければいけないことの量の多さに圧倒されながら、最初は法律書を読んでも何が書いてあるか全く理解できないような白紙の状態からスタートして、その後5年間、まさに受験勉強に明け暮れる生活を送りました。将来が全く見えない不安の中で、大変しんどい時期を何度も経験しましたが、そんな中で支えになったのが、勉強開始後に知り合った受験仲間の存在でした。私の受験生活は、この仲間の存在に支えられた5年間でした。

2 弁護士生活のスタートと子どもの人権問題への取り組み

内申書開示請求事件との出会い

1988年に司法試験に合格し、2年間の司法修習生を経て、大阪弁護士会への弁護士登録を行いました。ビジネスとしての弁護士業務とともに、大阪弁護士会の子どもの権利委員会に所属し、この委員会を基盤として、子どもの人権にかかわる活動に取り組むようになりました。母親が幼稚園の園長をしていたことや、私自身の学校生活の経験や学校への思いが、子どもの人権や学校教育に関わる活動に自然につながったのだと思います。

弁護士登録したのは1990年ですが、私が大学生活と司法試験浪人生活を送っていた1980年代は、いわゆる「荒れる学校とそれに対峙する体罰と管理教育」による子どもの人権侵害が問題となった時代でした。1989年には、国連において「子どもの権利条約」が採択され、1994年に日本政府によって同条約が批准され、「子どもの人権」や「子どもの最善の利益」という言葉が日本社会においても市民権を得た時代でもありました。

弁護士になって、最初に担当した子どもの人権に関わる活動は、中学生の内申書開示請求事件です。中学の内申書は高校受験の合否に決定的な影響を与える成績・評価が記載されているにもかかわらず、当時、生徒や保護者には全く開示されていませんでした。そのため、内申書にどのように記載されるか判らないという不安感が管理的な生徒指導の道具として利用されているとして、内申書は、「体罰問題」や「厳しすぎる校則問題」と並んで、管理教育の象徴的存在として位置づけられていました。

そこに風穴を開けるために、弁護団を作り、中学3年生（親権者）の代理人として、当時全国の地方自治体において相次いで制定されていた個人情報保護条例を使って、内申書の開示請求を行ったのです。この事件は、行政内部の審査手続、大阪地裁、大阪高裁における訴訟を経て、最終的に最高裁において「客観的な成績欄については開示すべき」等との判断が確定しました。その後、全国で内申書や指導要録の開示請求が相次いで行われ、1990年代の後半には、内申書の開示や指導要録の開示が当然のこととなっていきました。

高塚高校事件と管理教育との闘い

弁護士になった直後の1990年7月に高塚高校事件が起こりました。兵庫県立高塚高校で、登校時間ぎりぎりに登校しようとした生徒が、校門指導をしていた教師によって閉められた門扉に挟まって死亡するという事件です。

当時は私も若くて熱かったですから、子どもの人権のためにすぐに何かをしないといけないという思いで、何ら調査権限がないにもかかわらず、事件直後に大先輩の弁護士とともに高塚高校に飛び込み調査に行きました。第三者調査委員会等の発想は全くない時代です。そのときの光景がいまでも記憶に残っています。「なぜ、本来、子どもにとって安全・安心の居場所であるべき学校が、居場所を求めて登校してきた生徒を排除し、死亡させてしまったのか」という本質的な矛盾に心が痛みました。その背景にある当時の学校教育の管理的な生徒指導文化（いまも根強く残っている教育におけるハラスメント文化と言ってよいかもしれません）に大きな疑問を感じました。

この高塚高校事件については、ストレートに教育問題として取り上げる方法がなかったために、門扉取換工事のための公金支出の違法性を訴えて行政訴訟を提起するという、かなり特殊な方法で学校教育のあり方を問い続けようとしました。また、高塚高校事件を考える市民の会が結成され、

２０２０年7月まで30年間にわたり、その活動が続けられてきて、私もその活動に参加し続けてきました。

この管理的な生徒指導文化の象徴的なものとして「体罰問題」とともに、いわゆる「厳しすぎる校則問題」があります。私が弁護士になった１９９０年当時といまでは、この校則の適用・運用の方法も大きく変化し、また、生徒指導の管理的雰囲気も大きく変わってきています。しかし、依然として、体罰問題は起こり続け、また、その運用方法はともかくも、不合理な校則が残り続けているという実態もあります。

この点に関しては、２０２１年2月に、大阪地方裁判所において、大阪府立高校の頭髪に関する校則及び校則運用の合理性を問う訴訟の判決が下されました。これまでの最高裁判例を踏襲し「頭髪校則には違法性はない」旨が認定されましたが、「不登校になった生徒へのその後の指導・支援方法についての違法性」が認定されました。しかし、この訴訟提起等がきっかけとなって、大阪府立高校では、不合理な校則についての見直しの取り組みが始まっており、全国的にも同様の取り組みが進んできています。

少年事件～「居場所」を求めて彷徨《さまよ》う子どもたち

子どもの人権に関わる弁護士の活動の中で最も典型的なものが、少年犯罪・非行をおかした子どもの付添人活動です。私も、弁護士登録してから数年間に本当に多数の少年事件を担当しました。

その中で、忘れることができない事件の一つを紹介します。その事件は、数名の中学生が、被害生徒に対するいじめ行為から発展して暴行を加えて死亡させてしまったという悲しい事件です。この事件は社会的に取り上げられたこともあって、若手弁護士を中心に弁護団を組み、加害生徒一人について三人の弁護士が付添人に就任しました。私は、中心的な役割を担った加害生徒を担当しました。

私が担当した少年は、その中学校で「一番の不良」と言われている生徒でしたが、初めて鑑別所で出会った少年は、物静かな言葉少ない少年でした。鑑別所での面会を連日繰り返し、両親からの事情聴取、学校や教育委員会関係者からの事情聴取などを重ねる中で、色々なことが判ってきました。要約しますと、①家庭においては、兄とのきょうだい間の葛藤等もあって、軽い非行傾向がみられはじめた少年に対して、保護者が厳しく指導したことに対し少年が激しく反発、少年の反発や家出を恐れた保護者が指導することをすべて止めてしまったこと等により、逆に、少年が強い見捨てられ感を抱き、家庭における「居場所」を失っていったこと、②学校においてクラスには友人がおらず、一緒に授業をエスケープ等していた友達も3年の2学期になって受験を意識して教室に戻りはじめたため、友人関係においても最大の「居場所」を失い、孤独感を募らせていたこと、③先生との関係においても、2年までは厳しいながらも一生懸命関わってくれていた先生がいなくなり、3年になってからは対教師暴力等もあって担任や生徒指導担当の先生も事実上指導をあきらめるような状況となり、いわゆる「試し行動」を繰り返していた少年は、先生との関係においても見捨てられ感を抱き「居場所」を失うことになったこと、④唯一楽しめる場所であった部活動についても夏休みの大会を最後に引退することになり、少年は最後の「居場所」を失うことになったこと、⑤少年は、このように次々と「居場所」を失い、孤独感を募らせ、ストレスを溜め込み、そのストレスを爆発させる形で、普段からいじめの対象としていた被害生徒に対して、いくつかの悪要因が重なって暴行がエスカレートしてしまったこと等です。

子どもは、家庭においても、学校においても、友達関係においても、まさに、「愛情・安心・安全の居場所」「自尊感情が満たされる居場所」「楽しいと感じることができる居場所」を求めて、彷徨い歩いています。少年事件を担当していると、本当に、そのことがよくわかります。本件もその典型的な事件であったと思います。私の子ども時代も結局、自尊心が満たされる居場所探しを繰り返していたのです。

3 愛情・安心・安全の学校環境実現に向けた学校サポートシステムの取り組み

学校との対立関係から学校サポートへの転換

このように私は弁護士になってからの6年間は「学校の中に子どもの人権を」というストレートな思いで、むしろ学校や教育委員会と対峙する関係の中でさまざまな活動を行っていました。

しかし、同時に、それらの活動の中で、学校現場が抱えている子どもに関わる問題や課題が複雑・多様化していることや、学校教員が個人的にも組織的にもさまざまな葛藤や悩みを抱えていることを知るようになりました。

そのような中で、私は次第に、学校や先生と対立的な関係ではなく、「愛情・安心・安全の学校環境の実現」という共通目標に向けて、一緒に何かできないかとの思いを持つようになりました。

1990年代の中頃のことです。

ちょうどこの頃には、それまでの比較的単純な荒れや非行とは異なり、不登校、いじめや暴力の増加・低年齢化、落ち着きのなさ等の発達障害的症状や、うつ等のメンタル症状を抱えた子どもの増加、「学校崩壊」の登場など、学校における子どもの問題や課題が質的変化を伴って、深刻化しつつある状況が見えてきました。また、その背景として、児童虐待（身体的虐待やネグレクト）等の不適切養育の問題や子どもの貧困の問題、私の小学校時代には残っていた地域コミュニティも崩壊し、核家族化も進むなど、子育て環境や子どもの遊び環境の変化など、子どもを取り巻く環境に大きな変化が生じてきていました。

そして、そのような変化の中で、教師が、子どもが抱えるさまざまな問題や課題に対して対処療法的な対応や指導に追われ、問題や課題の原因・背景（前記のような福祉ニーズや環境変化）を踏まえての合理的な対応ができず、かえって悪循環に陥るなど、教師自身も自信を失い、チーム体制も不十分な中で閉塞感や孤立感を強めている状況が見えてきました。

現在、大きな問題となっている保護者対応の困難化の兆しが見えはじめ、教師自身の忙しさや過重な労働環境の問題が指摘され始めたのも、この時期です。

そのような状況の中で、福祉的視点の導入を含め、教師だけの対応では困難な問題が増加していることや子どもの最善の利益のためにも教員の負担を軽減する必要があるとの観点から、外部の専門家・専門機関との連携など、学校をサポートするシステムの必要性が指摘されるようになっていきました。私自身も、学校教育が関わるさまざまな問題や課題に取り組む中で、学校サポートシステムの必要性を実感するようになっていきました。

実際に、学校サポートシステムとしての専門家との連携が始まったのが、1995年の文部科学省によるスクールカウンセラー（SC）の調査研究事業で、その後、2001年に本格的なスクールカウンセラー活用事業がスタートしています。

同じく、1990年代中頃には、児童福祉分野においても、児童虐待問題の存在と防止の必要性が強く認識されるようになり、福祉、保健、司法、医療等の連携による児童虐待防止制度の構築が検討され始めていました。私自身も、この頃から、児童相談所等との機関連携による、児童虐待防止の活動に本格的に関わるようになっていきました。

イギリス留学で受けた衝撃とTPC教育サポートセンターの設立

この間、私は、1996～1998年の2年間、イギリスに留学し、欧米の児童虐待防止制度や教育制度、少年司法制度等について調査研究を行いました。

このイギリスでの調査研究の中で、イギリスをはじめとする欧米諸国においては福祉と教育、司法との連携が当然のこととなっていることや、学校においても、家庭の橋渡しや機関連携のつなぎ役を担う教育福祉の専門家であるスクールソーシャルワーカー（ＳＳＷ）が配置され、それ以外にもさまざまな専門職が関与するなど、学校・教師をサポートするシステムが整備されていることを知りました。

多数の学校、教育機関、福祉機関を訪問しましたが、ロンドン市内のある中学校で、深刻な問題行動を抱えた一人の子どものケースについて、教師とともに、ＳＳＷや医師、弁護士が参加した機関連携ケース会議が開催され、問題行動の原因についてのアセスメント（見立て）を行い、指導方法や支援プランを議論している現場を見たときに、ある種の衝撃を受け、そのシステムや活動に大きな魅力と可能性を感じました。

この刺激を受けて、イギリスから帰国後の１９９９年、複数の弁護士仲間等とともに、教師、教育委員会関係者、臨床心理士、社会福祉士、大学教員、教師、児童相談所関係者等をメンバーとする、ＴＰＣ（教師・親・子どものための）教育サポートセンターを立ち上げました。

ＴＰＣ教育サポートセンターは、①教師の福祉的視点からのアセスメント・プランニングのスキルの養成、②ケース会議の派遣など、学校のチーム支援体制のサポート、③学校教育へのＳＳＷの導入、④スクールロイヤー（ＳＬ）の制度化など、学校サポートシステムの構築を目的とする団体です。

大阪府教育委員会・子どもサポートグループから、スクールソーシャルワーカー（SSW）配置事業のスタート

２００１年、このTPCに参加していた教育委員会関係者の主導により、大阪府教育委員会（現在の大阪府教育庁）内に、学校からの支援要請に応じて弁護士と社会福祉士をケース会議に派遣する「子どもサポートグループ」が設置されました。

弁護士、社会福祉士等の専門家が、学校のサポート役として、学校現場に派遣されるようになったのは、この「子どもサポートグループ」の設置が最初であったと思われます。その後、大阪府下の複数の市町村教育委員会において、同様のサポートチームが相次いで設立されました。

２００５年、この「子どもサポートグループ」の活動を発展させて、大阪府教育委員会（現大阪府教育庁）は、教育福祉の専門家であるSSWの配置事業を本格的にスタートさせました。そのスタートにあたっては、TPCがSSWの確保及び養成において中心的な役割を担い、私自身もSSWのスーパーバイザーに就任し、現在に至っています。

そして、その3年後の２００８年には、文部科学省によるSSWの全国的配置が始まりました。それから約10年が経過し、SSWはSCと並んでチーム学校の一員として不可欠な存在となっています。

4 スクールロイヤーの活動

大阪府教育庁スクールロイヤー（SL）制度のスタートと文部科学省の予算化

このような学校サポートとしての専門家連携が進む中で、2013年に始まったのが、大阪府教育庁のスクールロイヤー（SL）制度です。

当初は、小学校・中学校のみを対象としていましたが、2018年度からは、高校・府立学校へのSL制度もスタートし、現在、小中高において合計12名の教育・福祉に関する専門性を有する弁護士がSLとして活動しています。大阪府のSL制度がきっかけとなって2017年春にはNHKの土曜ドラマで、スクールロイヤーを主人公とする連続ドラマ『やけに弁がたつ弁護士が学校でほえる』も放映されました。

そして、この大阪府のSL制度を受けて、文部科学省は2018年度よりSLの調査研究に予算を計上し、全国2か所においてSLの試験的導入を行いました。さらに、2020年度からは、全国の自治体において地方交付税等の活用によりSLの配置を可能にする事業予算化が始まりました。

ここにきてSLが注目されるようになった最大の理由は「保護者対応の一層の困難化」と「いじめ防止対策推進法及びいじめ防止基本方針等の制定」です。保護者対応の困難化は、現在の学校が抱える最大の問題の一つとなっていて、その困難化の防止や学校と保護者との適切な関係調整の視点から、紛争解決の専門家である弁護士への相談ニーズが高まってきたのです。

また、いじめ防止対策推進法及び基本方針の制定により、これまで学校長の合理的裁量に委ねられてきた、いじめ対応という生徒指導分野に初めて、法律とそのガイドラインによって具体的なルールが定められました。その結果、いじめ事案についての事実調査と認定、被害生徒・加害生徒等への支援・指導方法、保護者への対応方法、重大事態への対応等について、弁護士のサポートを必要とする事案が多数発生するようになってきたのです。

２０１９年1月に千葉県野田市で発生した小学校4年生の女児の虐待死亡事件は、ＳＬの必要性を強く認識させる事件となり、前記の文部科学省の予算化にもつながったと思われます。

スクールロイヤー制度の意義

スクールロイヤーは、スクールカウンセラーやスクールソーシャルワーカー等の専門家と並んで、「チーム学校」の一員として、学校・教師のサポートを通じて、最終的には、子どもの成長発達にとって極めて重要な場所である学校教育の安定を図ること、それによって子どもの最善の利益を実現することを目的としています。

より具体的には、体罰・いじめ・学校事故等を防止し、子どもの安心・安全を確保すること、保護者等との関係で生じる問題について合理的な関係調整を図ること、さまざまな学校教育課題に法的視点、危機管理の視点や適正手続の視点等を導入すること等を目的とした活動です。

学齢期のすべての子ども（とその家族）が学校に在籍しているため、学校で生起する問題は多種多様であり、実際に、さまざまな学校活動・場面において、法的な知識や視点、適正手続や危機管理の視点、紛争解決や紛争調整のスキルが求められており、学校の弁護士に対する相談ニーズは非常に高いといっても過言ではありません。

そのため、前述したスクールソーシャルワーカーの普及と同様に、文部科学省による事業予算化がきっかけとなって、全国的に広がっていく可能性が十分にあるものと思われます。

大阪府教育委員会スクールロイヤーの具体的活動とその課題

大阪府のスクールロイヤー制度においては、これまでのところ、大阪弁護士会子どもの権利委員会所属の11名の弁護士が、スクールロイヤーとして、府内の小・中・高等学校や教育委員会の相談を受けています。

たとえば、小中学校については、大阪府下8地区ごとに開催される年数回の相談会、生徒指導研修会等における相談、重点市町村についての月1回の定期的な相談、学校・教育委員会からの依頼に基づく相談、学校におけるケース会議への出席、緊急性の高いケースについての緊急派遣、教職員や子ども向けの研修の実施など、さまざまな形での相談・支援活動を展開しています。

現在のところ、学校教員への間接支援が中心の活動で、子どもの相談を直接受けたり、教員に代わって、または教員とともに保護者に直接対応するなどの、いわゆる直接支援の活動は行っていませんが、そのニーズが高いケースも発生しており、スクールロイヤーの役割を考えるうえで、今後の課題になるものと思われます。

相談の内容も、困難な保護者対応事案、深刻な問題行動事案（暴力、いじめ、性暴力など）、学校事故など学校の法的責任や保護者間の損害賠償責任が問題となる事案、少年事件など司法との連携が必要となる事案、リスクの高い児童虐待事案、体罰やスクールセクハラ事案、個人情報の開示請求等に関する事案、親権や監護権をめぐる親・親族間の紛争に絡む事案、子どもの自殺事案や重大な少年事件など危機管理的対応が求められる事案など、多岐にわたっています。

スクールロイヤーの導入が今後も進んでいくであろうと思われる中で、弁護士側においても、これらのさまざまなニーズに応えるために、学校教育に関わる問題について専門性を持った弁護士の養成が急務となっており、日本弁護士連合会を中心に、全国の弁護士会でもその取り組みが始まっています。

02

「チームとしての学校」に同僚性の視点を取り入れる

～元気のある学校づくり～

新井　肇

あらい・はじめ

1951年埼玉県生まれ。関西外国語大学外国語学部教授。専門は、生徒指導論、カウンセリング心理学。30年間の高校教員の経験を踏まえ、いじめ防止、自殺予防等を中心に、生徒指導の理論と実践を架橋する研究に従事。主な著書に『「教師を辞めようかな」と思ったら読む本』（明治図書)、『子どもたちに“いのちと死”の授業を――学校で行う包括的自殺予防プログラム』（共著、学事出版）など。

1●●● 私と学校

小学校のときの思い出

子どもの頃の私にとっての学校は、「学びの場」であると同時に、放課後になると校庭に仲間と集う「遊びの場」でもありました。また、母親が私の通う小学校の教員であったため、急に雨が降ってきたときには教室で待っていて母親と一緒に帰るとか、若い独身の先生が宿直のときには母親がつくった夕食を宿直室まで届けに行くとか、遠くから通っていた先生が遠足は朝が早いからと前日に私の家に泊まるとか、先生の「生活を感じる場」でもありました。日本の高度経済成長が始まった１９５０年代後半から60年代半ばにかけての話です。

母親は50歳で亡くなりましたが、母親が担任していたクラスの同窓会に私と祖母が代わりに呼ばれて行ったことがあります。当時は産休や育休も今ほどには取れなかったため、祖母におんぶされて行った私に教室で授乳していたこともあったらしく、「泣いてばかりいたので、抱っこしてあやしてやった」とか、「おしめを替えてやったことがある」とか全く覚えのないことを、30歳近くになってから言われたことがあります。私にとっては、学校も先生も、記憶の中でとても身近に位置する存在です。

高校教員となって

１９７３年の第1次オイルショック後の不況の中で大学を卒業し、埼玉県の公立高校の社会科（倫理）の教員となり、いきなり自分の母校に勤めることになりました。高校生の頃に教わった先生がほとんど残っていましたが、赴任した日に「今日からは同僚だから、さん付けで呼ぶから」と「新井さん」とか「はじめさん」とか言われるようになり、生徒のときの君付けや呼び捨てに慣れていた私としては、こそばゆい気持ちになりました。当時の社会科は20代が私ともう一人、30代、40代、50代がそれぞれ二人というバランスのよいメンバー構成でした。赴任して間もない頃、とても仲がよくみえていた50代の二人の先生が口論している場面に出くわして驚いたことがあります。片方の先生のゴミ箱にゴミがたまっていたので、もう一人の先生が気を利かせて片付けたのですが、「ゴミもプライバシーだから、勝手に片付けないでほしい」というのが、口論の発端でした。そのことから、高校生に掃除をやらせるのは「是か非か」というような教育論争に発展して喧々諤々《けんけんがくがく》の議論をしていましたが、やがてそれぞれの机に戻り、夕方になると二人で一緒に連れだって駅まで歩いて帰られるということがありました。大人の教員の人間関係というのはこういうものなのかと、妙に感心したことを覚えています。教科の教員同士でよくお酒を飲んだり、スキーに行ったりもしていましたが、週に一度の教科会議のときに読書会をやるような雰囲気も、また、時間的な余裕もあった時代でした。

教師カウンセラーをめざして

スクールカウンセラーの学校配置が進められる以前には、教育相談の担い手を「カウンセリングの専門的知識を持ち、その理論と技能を生徒指導や教科指導をはじめとする学校の教育活動の中で実践的に活かすことができる教師」と位置づけ、「教師カウンセラー」(上地 2004) と呼ぶことがありました。私が教育相談の分野に足を踏み入れ、「教師カウンセラー」としての道をめざすようになったのは、教員になって7年目、30歳の頃に出会った生徒によるところが大きいと思っています。

1年生当時より不登校気味で、学校に来ても早退することが多く、反抗的なところも見受けられ、他の教員から敬遠されがちな生徒を3年から担任することになりました。それまでの経験から、熱心に関わっていけば何とかなると甘く考えていたところがあったように思います。家庭内暴力などの問題もあり、両親に追いやられるように家を出て下宿しはじめたその生徒のもとを頻繁に訪れて面談をするようになりました。父親の暴力、母親の愛情不足、父母の不仲等の問題に突き当たり、親子関係の調整を試みようともしました。大学時代の友人のカウンセラーに相談したり、カウンセリングの本を読んだり、民間の研修会にも参加したりしながら、その生徒と両親に関わり続けましたが、むしろ状況は悪化し、ときには自殺をほのめかしたり、家出して行方知れずになったりすることもありました。

学校だけでは手に負えないと判断し、精神科の受診を勧めたところ、「教員が対応できる領域の問題ではない」という診断が下されました。ただし、「学校だけが心の拠り所になっているので、辞めさせずに学校を続けられるように努力してほしい」との要望があり、通院治療とあわせて、それまでの対応を継続させることになりました。しかし、本人と両親との関係は好転しないまま、本人はもとより、母親からも昼夜を問わない対応を求められるようになっていきました。当時の私は家庭訪問をしたり、両親との調整役を引き受けたり、面談したりすることにやりがいを感じ、そんな自分に酔っていたところがあったように思います。「熱心」に関わることをよしとする思いだけが先走り、気づかずに本人や母親の依存心を膨張させ、あげくの果てに自分自身が疲れ切るという陥穽《かんせい》にはまってしまいました。

教員のバーンアウトの研究へ

それでも何とかやっていられたのは、同じ学年の先生や社会科の先生が全面的に私をバックアップしてくれたからでした。中でも、ベテランの学年主任が、家庭訪問をして帰りが遅くなったときや精神的に落ち込んでいるときには、職員室で何くれとなく声をかけてくれたことが大きな支えとなりました。

その生徒は紆余曲折を経て他の生徒よりも少し遅れて卒業していきましたが、この失敗体験を通じて、思春期危機、自殺念慮、虐待など複雑な背景を持つ生徒や保護者に対して、教師がカウンセリング的な関わりを行うためには、専門的なトレーニングを受ける必要があることを痛感させられました。当時を振り返ると、徒手空拳で闇雲に他人の内面に土足で踏み込んでカウンセリングの真似事をする未熟な教員であったと恥じ入るばかりです。

しかし、このことを契機に、教師カウンセラーであることに自分のアイデンティティを求め、さまざまな機会を捉えてカウンセリングの理論や技法について学ぶようになりました。また、学校という組織の中での人間関係や学校と保護者、関係機関との連携のとり方の難しさと重要性を強く実感するようにもなりました。後に、埼玉県の長期派遣教員として大学院で学校カウンセリングについて専門的に学ぶ機会を得て、教師のバーンアウト（燃え尽き）を防ぐ職場の同僚性や協働性に関する研究をまとめたのが47歳のときでした。学校現場に戻り、学年主任や生徒指導主事を経験し、試行錯誤しながらも教師カウンセラーとしての仕事を少しだけ果たすことができたように思っています。その7年後の2006年に、縁あって自分が学んだ大学院の教員となり、以降、生徒指導・教育相談の理論と実践を架橋する研究や教員のメンタルヘルスに関する研究に取り組んでいます。

2 学校が子どもも先生も元気で過ごせる場になるためには

深刻化する教員のメンタルヘルス

2020年12月に文部科学省が公表した『令和元年度における公立学校教職員の人事行政の状況調査について』によると、2019年度の精神疾患による病気休職者数は5478人（全教育職員のうち0.59％）で過去最多となり、ここ20年間で倍増している（2001年度は2503人）という深刻な状況がみられます。また、同時に発表された『令和元年度学校教員統計調査（中間報告）の公表について』によると、２０１８年度の公立幼稚園・小・中・高校の離職者のうち、精神疾患を理由とする者は８１７人（病気離職者の67・０％）に上り、全体の離職者数は減少している中で過去最多を記録しました。

休職や離職に加えて、自殺に及ぶ教員も年間１００人前後（２０１９年は96人、警察庁調査）を数え、人口全体の自殺率（10万人あたりの年間自殺者数をさし、２０１９年は16・０）に比較すると決して高くはありませんが（２０１９年は６・７）、他の職種に比べ、「うつ病の悩み・影響」などの健康問題（39・６％）と並んで「仕事疲れ」や「職場の人間関係」など勤務関連の比率が自殺原因構成において著しく高い（41・７％）ところに特徴がみられます。

以上のことから、仕事に起因するストレスを抱えながら学校現場で懸命に頑張っている多くの教員のメンタルヘルスは、これまで考えられてきた以上に深刻な状態にあると言えるのではないでしょうか。また、２０２０年度は新型コロナ感染症への対応でさらに負担が増えており、一層の深刻化が懸念されます。

多忙化による疲弊

日本の教員は、学習指導や生徒指導、進路指導、教育相談、また部活指導など、子どもたちに関するすべての指導・援助を受け持っています。そのため、ＯＥＣＤが実施した『国際教員環境調査

（TALIS：タリス）』において、日本の教員（中学校）の1週間あたりの勤務時間が、参加した34か国・地域の平均38・3時間を大幅に上回る53・9時間で、最長であることがわかりました。しかも、これらの指導に対する自己評価が相対的に低いことも明らかにされています（国立教育政策研究所 2014）。たとえば、「学級内の秩序を乱す行動を抑える」「生徒に勉強ができると自信を持たせる」という設問に肯定的な回答をした割合は、前者はOECD平均が87・0％であるのに対して日本は52・7％、後者はOECD平均85・8％に対して日本は17・6％でした。教育活動に相当な時間を割きながら、その指導効果に自信が持てない日本の教員の状況が浮き彫りにされたと捉えることができます。背景には、参加国平均では勤務時間の半分を授業に使っているのに対し、日本の教員が勤務時間の中で授業そのものに使っている時間は3分の1程度であるという現実があります。学習指導以外にも部活動や事務作業などを抱える日本の教員は、授業力の向上を図ろうとしても難しい状況にあると言えるのではないでしょうか。

２０１１年に設置された文部科学省の『教職員のメンタルヘルス対策検討会議』がまとめた最終報告書（2013）によると、従来から指摘されてきた多忙化による疲労の蓄積に加え、多様化・深刻化する児童生徒の問題行動に関する生徒指導や保護者からの苦情等への対応で日常的なストレスにさらされた結果、「うつ状態」などに陥って病気休職となるケースが増加していると報告されています。実際、２００９年度～２０１１年度に担当した大学院の授業において、長期派遣等の現職教員２３６名を対象に、学校現場における教職生活の危機の経験について、その原因を尋ねたとこ

表１　教職生活における危機の原因（N=236）

危機の原因（複数回答可、上位 10 項目）	人数
手に負えない児童・生徒に振り回される	97
職員間の共通理解や協力が得られずに孤立	64
保護者との人間関係	51
管理職との軋轢	43
同僚とのトラブルやいじめ	33
多忙	30
異質性の高い学校への転勤	14
新任（リアリティショック）	10
部活動における生徒・保護者との軋轢	9
望まない担任や分掌	9

ろ、次の表１のような結果になりました（新井 2016）。

２０００年代に入ってから、めまぐるしい教育改革や競争主義・成果主義の導入がゆとりのない勤務状況を生み出し、それに伴う事務作業量の増大が教員の多忙化に拍車をかけているのは紛れもない事実です。しかし、表１からも明らかなように、教員にとって、単なる多忙は仕事上の人間関係に起因する危機に比べ、それほど大きな数字を示していません。裏を返せば、意味があると感じられる多忙であれば、ある程度持ちこたえることができるということです。では、教員にメンタルヘルスの不調を生じさせる要因として、多忙の他にどのようなことが考えられるのでしょうか。

増幅する生徒指導の困難性

１９８０年頃から子どもの成長・発達の危機や学校そのものの存在意義が揺らぎはじめたことを背景に、不登校・校内暴力・いじめなどの問題が噴出してきました。１９９０年代に入ると学級崩壊に象徴されるように混迷と困難の度合いが一層強まり、さらに2000年代に入ってからは、家庭や社会の急激な変化にともない、児童虐待やネット犯罪、薬物乱用や子どもの自殺の増加などが大きな社会問題となっています。

しかも、非行傾向のある児童生徒といわゆる普通の児童生徒との境界が見えにくくなり、表面上はおとなしく素直に見え、目立つ問題行動もなかった子どもが突然キレて反抗的になったり、ときには暴力行為にまで及んだりすることもみられます。児童生徒の抱える不安や不満が見えにくく、攻撃性の出所や矛先が予測できないことに戸惑いを感じている教員も少なくないと思われます。また、不登校もその原因を心理的要因など単一のものに帰することが難しく、背景に家庭の貧困や児童虐待、発達障がいなどの問題が複雑に絡み合い、児童生徒の抱える課題の重層化が進んでいると考えられます。さらに、学校や教員がこれまで大事にしてきた常識や規範と児童生徒（場合によっては保護者）の価値意識との間に大きなギャップが生じています。言葉遣いや服装・頭髪などのマナーに関する感覚的なズレが、日常の生徒指導を一層困難なものにしていると思われます。

教員を取り巻く重層的な人間関係

教員の仕事は、①児童生徒との人間関係、②保護者との人間関係、③教員間の人間関係、という三つの複雑な人間関係に取り囲まれています。特に、児童生徒や保護者との人間関係が悪化した場合には双方にとって大きなストレッサーになりますが、教員間の人間関係が良好で、協力的に解決を図ろうとするサポーティブな雰囲気と体制とが職場に確立していれば、モチベーションを低下させずに困難な状況に取り組んでいくこともできます。しかし、教員間の人間関係が崩れ、孤立化が進んでいる場合には、職場の人間関係そのものがストレッサーとなり、児童生徒や保護者との関係の悪化がメンタルヘルスに直接的に影響を及ぼすことになります。

現在の学校の職場状況をみると、皆がパソコンに向かい無言状態が続く職員室、多忙や自動車通勤の増加による交流機会の減少（コロナ禍がそれに拍車をかけています）など、学校内で教員同士が本音で語り合い、愚痴《ぐち》をこぼし合うような時間が失われつつあるように思われます。悩みを抱えたときには弱音を吐いたり相談したり、助け合ったりする「協力的な人間関係」が薄らいでいくと、教員はもとより、学習者である児童生徒にも大きな影響が及ぶことになりかねません。

3●●●「チームとしての学校」は教員のメンタルヘルスを向上させるのか

「チームとしての学校」がめざすもの

日常業務の多忙化、生徒指導の困難性の増幅、学校組織の人間関係の希薄化が、教員のメンタルヘルスを深刻化させている中で、中央教育審議会答申『チームとしての学校の在り方と今後の改善方策について』（2015）において、「チームとしての学校」（以下、チーム学校）の必要性が提言されました。同答申によると、チーム学校の実現に向けて不可欠な要件として第一に挙げられているのが、「専門性に基づくチーム体制の構築」です。具体的には、「教員が教育に関する専門性を共通の基盤として持ちつつ、それぞれ独自の得意分野を生かし」、チームとして機能すると同時に「心理や福祉等の専門スタッフを学校の教育活動の中に位置付け」、教員と専門職との連携・協働の体制を整備することが求められています。児童生徒が抱える課題の多様化・重層化に伴い、課題解決を個人の力量の向上に委ねるだけでなく、個々の対応による限界を補強するためのシステムを構築することがめざされていると捉えることができるでしょう。

また、同答申において、日本の学校は諸外国に比べ教員以外のスタッフの配置が少なく、「子供に対して総合的に指導を行うという利点がある反面、役割や業務を際限なく担うことにもつながりかねないという側面がある」という指摘がなされています。教員の仕事の明確化と多忙化の解消、さらにはメンタルヘルスの向上という観点からも、チーム学校が求められていると言えます。

同答申においては、チーム学校を実現していくための視点として、①「専門性に基づくチーム体制の構築」、②「学校のマネジメント機能の強化」、③「教員一人一人が力を発揮できる環境の整備」の三つが挙げられています。[注1] これらの視点に加えて、チーム学校の基盤となる「協働性」[注2] と「同僚性」の問題についての検討も避けることができないと思われます。

森田（2016）は、いじめの防止等の対策のための組織が機能するためには、「『協働性』の基盤に『同僚性』という信頼に基づく無形財の『人間関係資本（ソーシャル・キャピタル）』が蓄積」されることが不可欠であると指摘しています。しかし、同答申（2015）においては、人間関係に根ざす「同僚性」への言及がみられません。そこで、チーム学校の実現に向けて、職場の「同僚性」をどのように形成するのか、ということについて検討してみたいと思います。このことは、教員のメンタルヘルスに直結する課題でもあると考えられるからです。

教職員間・教職員と専門職間における「同僚性」の形成

「同僚性」（collegiality）とは、「学校を内に開くこと。教職員が職場で互いに気楽に相談し・相談される、教える・教えられる、助ける・助けられる、励まし・励まされることのできる人間的な関係を作り出すこと」（浦野 2002）と定義されます。そのような「同僚性」をベースにした価値の創造は、上からの「統制化」による効率性重視の取り組みよりも時間がかかり、結果にも不確実性が伴います。しかし、学校がチームとして機能し、当事者である児童生徒、及び教職員（事務職員や校務員等も含めて）[注3]が生き生きとした教育活動を展開するためには、「同僚性」をベースに教育価値が創造されるプロセスを学校内に構築する必要があると考えられます。

教員集団の「凝集性」は他の職種に比べて弱く、むしろ教員個々の自律性が保証され、学級経営や教科指導に関しては、教員個々の専門性に基づく独自性が尊重されるなど「疎結合システム」であることが指摘されています（由布 1988）。「疎結合」とは、お互いに働きかけられればそれに応えるが、通常は個々の独立性と分離性が保たれている状況をさします。疎結合の状態があまりに強くなると、教員同士の意見交流や情報交換が乏しくなり、閉鎖的な集団が形成されることになります。小学校における学級王国や中学・高校における学年セクト主義などがその現れであると考えられます。

一方、教員集団は疎結合な構造を持つ反面、他の教員と足並みを合わせようとする強固な「同調性」を持った集団とも言えます。管理職や他の教員からの非難を恐れ、突出した行動を控え足並みを合わせる傾向が、特に生徒指導場面において顕著にみられることも指摘されています（杉尾1988）。同調的な教員集団の特徴について、高橋（2008）は「表面的には共通理解や共同歩調が徹底された集団として映り、日々の多忙感に悩む教師にとっては、負担感の少ない『居心地のよい』組織となる場合もある。しかし、同調性に伴う強制力が強まると、異論が挟みにくい、創造的な活動が生まれにくいなどの逆機能が現れ、全体として管理的で統制的な集団が形成されることになる」と指摘しています。

チーム学校においては、個業性や個人性ではなく、学校としての方針をベースに、関係する教職員同士が課題の設定、指導計画、実施運営、評価などさまざまな事柄について一緒に考え、分担し、運営することになります。そのことにより、学校組織が「統制化」や「同調性」の方向に傾くと、教職員が相互に情報交換を行い、知識を共有しながら共通理解を深め、階層に関係なく忌憚のない意見を交わし合う、「開かれた学校づくり」から離れてしまいかねません。チーム学校において、その歯止めとなるものが、教職員間の信頼関係や協力し合う意識、つまり「同僚性」に他ならないと考えます。

同じことが、教職員と他の専門職との関係においても言えるでしょう。両者の連携・協働を進めるためには、お互いの考え方や感じ方の「溝に橋を架ける」（宇田川 2019）ことが必要だと思われます。知識や経験、価値観や仕事の文化の違う者同士が関係性を築いていくのはそれほど簡単ではなく、お互いが相手のナラティブ（人が置かれた環境や文化の中でつくられたその人特有の解釈の枠組み、語りの根底にあるその人なりの物語）を理解することが必要になると思われます。自分自身の物語に気づき（「硬直した解釈に基づいて相手を見ていないか」）、「どう相手に話をするか、分からせるか」ではなく、「どう相手を捉える私の物語を柔軟にし、話を聞くか」という対話の在り方が双方に求められるのではないでしょうか。そうでないと、多職種間との連携・協働がかえってストレスを招くことにもなりかねません。

「同僚性」を構成する「冗長性」と「相補性」

リトル（Little, J., 1982）は、よりよい「協働性」が実現されている職場には、さまざまな地位や職種を超えて「相補性（reciprocity）」が確保されていると言います。「相補性」のある関係とは、お互いの欠けた部分を補い合う関係性のことであり、「同僚性」の構成要素として重要なものです。また、組織としての効率を重視した場合には、階層的な分業体制のもとで担当者のみが必要な情報を最低限分有することが機能的であるとされてきましたが、組織的な知の創造や「同僚性」形成の観点からは、「(情報) 冗長性（redundancy）」が必要とされます。個と個の間で相互に余剰な情報を共有し、組織内にあえて無駄を取り込むことが重要であるとする考え方です。余剰の情報を持ち合うことによって、相互にそれぞれが興味・関心を持つ事柄について話し合い、異なった視点から問題点や改善点を指摘し合い相互に学び合うことが、組織を活性化する基盤になるという考え方です。

職員室で雑談のようにみえるコミュニケーションが活発に行われる学校ほど、また、そこにスクールカウンセラーやスクールソーシャルワーカーの机が置かれている学校ほど、学習指導にも生徒指導にも積極的に取り組む「元気のある学校」と捉えることができます。「同僚性」を土台とする「協働性」の構築こそが、教員のメンタルヘルス向上につながるチームとしての学校を実現するための要であると言えるのではないでしょうか。

負の力（Negative Capability）の必要性

正解を導くことが難しいと思われるような生徒指導上の課題を前にしたときに、問題から逃げて思考停止に陥ることも、燃え尽きてメンタルヘルスを損なうこともないようにするためにはどうしたらよいでしょうか。そのためには、答えの出ない宙ぶらりんの状態の中で粘り強く考え抜くことができる力（Negative Capability）[注4]を身につけることが求められるのではないかと考えます。そのためには、教職員一人ひとりが学び続けて自身の知恵を磨くことと、異質な者同士の対話を通じて新たな知の共創（co-creation）をめざすことが不可欠であると考えられます。

情緒的な人間関係を含む同僚性がなければ、教職員間での学び合いは生まれにくいでしょう。しかし一方で、同僚性に依存し過ぎると、居心地のよさからなれ合い的な関係が強まり、意見の対立があることを前提とする学びの質が落ちていくことにもなりかねません。その意味では、専門職が学校内に位置づけられたとしても、一定の「外部性」を保持し続けることが必要であるように思われます。学校が、同僚同士（教職員間での、教職員と専門職間での）の信頼関係で結ばれ、ビジョンを共有しながら意見を戦わせることができる組織になってはじめて、課題解決に向けた協働的な取り組みが促進され、互いに支え合うことのできる職場になると思われます。

職員室が楽しさもしんどさも共有できる場となれば、何気ない会話を通じてお互いがお互いの個性を認め合ったり、担任が自分の学級経営を透明にしたりすることも可能になるでしょう。校長室のドアが開いていれば、教職員ばかりでなく、専門職も地域の大人たちも気軽に相談に行くことができるようになるでしょう。学校の内外に風通しのよい人間関係を築くことが、児童生徒も教職員も元気のある、温かい学校をつくる基盤として不可欠なのではないかと考えています。

注

1　この三つの課題に対する検討については、新井（2019）を参照してください。

2　「協働性」（Collaboration）は、「異なる専門分野が共通の目的のために対話し、新たなものを生成するような形で協力して働くこと」と定義されます（池本 2004）。

3　校長、副校長、教頭、教諭、養護教諭、栄養教諭の集まりをさす場合は「教員」、さらに、事務職員や校務員、給食員等を加えた場合は「教職員」と表記しています。

4　帚木蓬生（2017）『ネガティブ・ケイパビリティ——答えの出ない事態に耐える力』（朝日選書）によれば、イギリスの詩人キーツ（John Keats, 1795-1821年）の言葉で、「負の能力、不確実さや懐疑の中にいることができる能力」という意味を持ちます。

文献

新井肇（2016）『「教師を辞めようかな」と思ったら読む本』明治図書

新井肇（2019）「『同僚性』と『協働性』に基づく生徒指導の活性化と教職員のメンタルヘルス」徳久治彦編著『新しい時代の生徒指導を展望する』学事出版

池本しおり（2004）「教師間のピアサポート——サポーティブな学校風土づくりの一環として」『岡山県教育センター紀要』第253号、1～22頁

Little, J.W.（1982）Norms of Collegiality and Experimentation: Workplace Conditions of School Success. American Educational Research Journal, 19, pp.325-340

森田洋司（2016）『平成28年度いじめの問題に関する指導者養成研修資料』教員研修センター

杉尾宏（1988）「教師文化の変革」波多野久夫・青木薫編『講座学校学5　育つ教師』第一法規、177～214頁

高橋典久（2008）「小学校における協働性的生徒指導体制の構築に関する実践的研究」『兵庫教育大学大学院修士論文』（未公刊）

宇田川元一（2019）『他者と働く——「わかりあえなさ」から始める組織論』ニューズピックス

上地安昭編著（2004）『教師カウンセラー——教育に活かすカウンセリングの理論と実践』金子書房

浦野東洋一（2003）『開かれた学校づくり』同時代社

油布佐和子（1988）「教師集団の実証的研究」久富善之編『教員文化の社会学的研究』多賀出版、147～208頁

03

教師からつながりを求める

～小さな街の大人たちの協働～

岡﨑　茂

おかざき・しげる

1958年島根県出雲市生まれ。島根大学大学院教育学研究科特任教授。1981年より鳥取県米子市・境港市中学校教員・管理職を務める。2001年任意研修団体「子どものサポートシステムを支援する会」を代表と立ち上げ、虐待・貧困・非行・不登校・SSWなどに関する勉強会を企画。2020年4月一般社団法人「こどものサポートシステム」設立。2020年より米子市主催学習支援「米子こども☆みらい塾」コーディネーター。

1 中学校教師としての「私のありよう」を作ったもの

「児童文学」「絵本」との出会いに心を震わす

1983（昭和58）年4月、私は、鳥取県の小さな地方都市で教師になりました。のちに「非行の第3ピーク」と呼ばれる1980年代です。私は、その少し前に大学生になり、児童文学や絵本に強く影響を受けながら教師を志しました。

私が大学生になった1977（昭和52）年頃は、今江祥智さんや上野瞭さん、灰谷健次郎さん、長谷川集平さん等の作品をはじめとして、大人にも読みごたえのある優れた作品が次々と世に出された時代であったように思います。中でも私にとっては、灰谷健次郎さんの小説『兎の眼』（理論社、1978年）との出会いは衝撃的でした。問題児とされた主人公の子どもの背景にある貧困や社会的差別、障がいのある女の子が通常の学級で過ごすことで起きる子どもたちの変容など教師と子ども、人と人が向き合うために大事なことは何かということを突きつけられたような気がしました。絵本にも傾倒し、「なんで、あんなにめちゃくちゃなんや？」とストレートに聞き「だいきらいや」と言いながらも見捨てず付き合っていく友だちを描く『はせがわくんきらいや』（長谷川修平作、すばる書房、1976年）とか、「そやけどなんで　わたしが強ならなあかんねんやろーか」と強烈な言葉と絵で劇的に閉じられる『わたしいややねん』（吉村敬子作・松下香住絵、偕成社、

1980年）、人間の損得に振り回される異形のモノ『しばてん』（田島征三作・絵、偕成社、1971年）、『八郎』（斎藤隆介作・滝平二郎絵、福音館書店、1967年）、『三コ』（斎藤隆介作・滝平二郎絵、福音館書店、1969年）に触れて、他人のために働くことに自分が生まれてきた意味を見出す姿に心が震えました。

そうした数々の珠玉の作品は、私が生きるうえでの大事なベースを作ってくれたように思います。見過ごすと社会から排除をされてしまう弱い立場にある者たちの存在を忘れることなく、その者たちに寄り添い、支え、時には闘うことが尊いのだということをそうした作品から学ぶことができたように思います。

「それは子どもにとってよいことなのか」という問い

しかし、教師としての出発点は散々でした。荒ぶる子どもたちの心に向き合わされ、病む寸前まで追い込まれました。その頃の私は「教師」を演じ、至らない子どもたちを教え育てなければならない。それこそが「教育」なのだと大きな思い違いをしていたのです。

そのことに気づくきっかけは、30代になって同和教育推進校に勤務したことです。部落解放運動に刺激を受け、その活動がさかんな大阪や高知に出かけるようになりました。部落解放のために闘う人々や教員と出会い、思いを共にして子どもたちに向き合いました。在日コリアンに対する差別問題と闘う人々と共に授業を作ったり、脳性麻痺で車いす生活をする男性の講演会を生徒向けに企画したり、社会にある不合理と闘う人々の覚悟に何度も奮い立つ思いをし、それに応えるべく実践を積み重ねたように思います。そのときに感じた思いこそ、学生時代に灰谷健次郎さんの著作や斎藤隆介さんの著作で感じたもので、そこでようやく自分のなすべきことを見つけたように思いました。

その頃に出会った同僚は折に触れて、私に「それは子どもにとってよいことなのか？」と問うてきました。そして「子どもにとってよいことなら全面的に協力するが、大人優先の考えならば徹底的に反対する」と私に語ってくれました。目の前の子どもたちの思いや暮らしが最も大事なのだということを常に私に教えてくれました。やがて「それは、子どものためになるのか？」という指標は私の大切なキーワードとなりました。生徒指導、人権教育、特別支援教育などや教科教育も含めた学校で行う教育活動のすべてが、「子どもの最善の利益」にかなっているかどうかという視点が大切であり、「子どもの人権」という文脈で自らの教育活動を考えることができるようになっていく礎《いしずえ》ができた30代の教員生活でした。

2 ●●● 生徒指導の難しい学校を振り返る

積み上げてきた自信が崩れ落ちるほどの「荒れ」

40代になり、それまでに培った教師としての指導技術や技量に自信を持ちながら、教育活動を行っている実感を持ち始めていました。その矢先に、赴任した中学校で、これまでの経験がまったく通用しない生徒の「荒れ」た行動を目の当たりにし、いやというほどの挫折感を味わいました。

赴任した中学校では校舎徘徊《はいかい》をする生徒が驚くほど多く、教室に戻るように促すとほとんど全員が無視。少しきつめの言葉をかけると教室の壁を思いきり殴ったり、蹴って威嚇をしてくる。校舎の至る所で教師と生徒がもみ合ったり、どなりあっていました。それが日常の風景でした。器物破損による修繕費は莫大な金額になり、校地の至る所にたばこの吸い殻が落ちていました。

生徒の問題行動が同時多発的に校内の至る所で起きることが常態化しており、私もその対応に追われ、自分でも気づかないうちに疲れを溜め込んできました。授業中尋常ではない大きな音がして、私たち教師はそこに駆け付ける。でも、そこには誰もおらず、壊された窓ガラスの破片と物品の残骸が散らかっているだけ。同じ頃トイレで生徒同士が殴り合いのけんかをしていると聞き、急いでそちらの現場に向かって走る。対応をしはじめたとたん、また別のところで爆竹が鳴る。教師陣は二手に分かれて、私は爆竹の鳴るほうに向かう。すると、今度は校舎のどこかで火災報知機が鳴らされる。毎日がそういうことの繰り返しでした。事態が悪化し深刻化していく中で、職員室の誰もが徒労感のみ残る毎日に疲れていたのです。

子どもの荒れは、教師の気持ちを荒らす

教師たちの精神的な疲れは、「あの先生の指導が緩いから…」「あの先生が生徒を怒らせるから

……」「管理職が何もしてくれないからだ」など上司や同僚への不満や攻撃になって現れます。教師同士が互いを信頼できなくなり、自分が被害にあわないようにすることや問題行動の現場に出会わないようにすることに精一杯になっていきます。職員室の雰囲気も荒れていきました。

そして、「学校が指導できる限界を超えている」「学校ではどうにもならない」という言葉が随所で聞こえてくるようになりました。そうなると学校では、警察や児童相談所などに介入してもらい、手に負えない生徒を施設入所させたり、法的に罰してもらうのが最善であると考える教師の意見が多数を占めるようになります。その意見を背負いながら、生徒指導担当者や管理職は、児童相談所や警察などの関係機関に赴き、現状をこと細かく説明し、何とかしてもらえないかと何度も頭を下げます。でも「突然来られてどうにもならないので、何とかしてくれと言われてもねえ…今の段階ならもう少し様子を見させてもらえませんか」というような返答が返ってくるだけでした。

そういう返答が続くと「結局、児相も警察も何もしてくれない。当てにならない」と児童相談所や警察に対する憤りの思いが湧き、相談に行かなくなるか、関係機関を責めるようになりました。そのような学校の姿勢は、他の学校の教師にも伝染していきます。そうしてますます、学校と関係機関はお互いの協力関係を築くどころではなくなってしまい、仲の悪さはその後も長く続きました。

教師は使命感と責任感で孤独になる

まだまだ学校と関係機関の関係が冷え切っていた2000年代の初めの頃に、児童相談所の児童福祉司から言われた言葉が印象に残っています。彼は「学校は問題の多い子どものケースについて児童相談所や警察に相談に来られる。でも、相談を持ちかけられたときにはそのケースはすでに熱く燃え上がった鉄球のようになっていて、どうすることもできないくらいに炎上していることが多い。学校は、それをこちらにポンと丸投げしてこられる。もう少し早くこちらにつないでおいてもらえたなら、早い段階で何とかなったのにと思うケースは多い」と語りました。

確かにもっと早い段階から外部機関と連携し、事態が重大化しないうちに早期対応をすればその後の事態の展開は大いに変わってくるということを、いまでは理解できます。しかし、当時は、そのように思えなかった。それはなぜなのだろうか。そのことについて、自分なりに振り返ってみたいと思います。

私たち学校の教師は、回答や正解をすぐに求めたがるところがあり、外部と連携・協働を始めるまえにその事案の最終ゴールが見い出せないと情報提供をためらうところがあると思います。また、教師は校内で何か事案が起きたときに、まずは自分たちの力だけで対処しようとする傾向が大きいかもしれません。自分たちの手で処理していくことが自分たち教師の責務だと考えるからです。私がまだ若かった頃は、自分の学級で起きたことは、誰の助けも借りず自分一人で対応しなければならないと考えていました。多忙な中、自分のクラスの問題を他の教師に託すのは忍びがたいという気持ちが強く働くからです。

特に小学校ではその傾向が強くなりやすい構造があります。どうにもならないほど壊れてしまってからようやく他の先生方の知るところとなるというケースが見られます。小学校では、授業中に職員室にいる教員は非常に少数です。したがって担任するクラスが学級崩壊の様相を見せ始めても、誰に相談に行くこともできません。「どんなにしんどくても自分が向き合わないでどうする」と、まじめで誠実な先生ほど思ってしまいます。

言い換えるとそれは、使命感と責任感でもあると思うのです。目の前の子どもの面倒は自分が見るしかない、見るべきであるという教師の使命感は学校という場で過ごすと自然に身についてしまう感覚です。また一度決めたことをブレさせてはいけない、決めたことを揺るがしてはならない、児童生徒や保護者に迷いを与えてはいけない、という責任感が抱え込みを助長してしまう側面も持っているのです。

私もまた、自分と関係ができた子どもたちに関することはすべて理解しないといけないし、子どもたちのために何でもできるのが当たり前と考えてしまうところがあったように思います。だから自分で抱え込んでしまうことが多く、関係機関に動いてもらうことは自分がすべきことを放棄してしまったような感覚に陥ることもありました。

そんなときに、子どもの困りごとが家庭の状況などからきているとわかったとしても、教師の立場では家庭内のプライベートなことに関わることは難しく、そこには立ち入れないという感覚が生じます。たとえば、風呂に入っていないとか洗濯をしてもらっていない様子が見られる子どもや家庭での食事が不十分で、給食をむさぼるように食べている子どもを見ても、家庭のことだからどうしようもできず、保護者にそのことで相談することをためらうこともありました。また、経済的な苦しさがうかがえても、就学援助や集金の未納のことについて、保護者になかなか強く言えないというところもありました。

このような教師としての使命感や責任感が、関係機関や専門家との連携推進を苦手とさせ、自分一人で向き合うという孤独な闘いを強いてきたのではないかと感じています。先の児童福祉司の一言は、教師の抱え込みという弱みを端的に指摘している言葉だと思います。

3●●●「場」を創り、集うことでつながりが深まるということ

TPC教育サポートセンターがもたらしたもの

私の考えが変わるきっかけとなったのは、2001(平成13)年11月に米子市の某中学校体育館で開かれた「学校支援のシステム(子どもたちの育ちを支援するシステム)を考える」というテーマのシンポジウムに参加したことです。シンポジストは前述の児童福祉司と大阪府を活動の拠点にされていた「特定非営利法人TPC教育サポートセンター」の中心的メンバー3人でした。TPCの代表は、本書第1章の執筆者である峯本さんです。

私自身はこのときのシンポジストの発言で初めて「スクールソーシャルワーク」という言葉を知りました。その視点で生徒支援をしていくことがこれから求められるということを聞き、とても興

味深く思い、もっと知りたいと思いました。「何がその子をそうさせるのか」という見立てが大事で、そしてその解決のために手だてを考えていくことが必要であるということ。「決して一人で抱え込まないで」というのがキーワードになるという話も心に残りました。このような視点で子どもに関わっていけば、地域の社会資源との連携が深まり、それによって子どもや学校を支援するシステムが構築できるというものでした。

次の日から、スクールソーシャルワークの視点で目の前にいる子どもたちの環境を慮《おもんぱか》ると、これまでとは違った角度から子どもたちの姿がたちあがり、この子にはどのような支援が必要なのかというように福祉的な視点でのとらえ方ができるようになりました。

子どものサポートシステムを支援する会の立ち上げ

このシンポジウムをきっかけにして、翌2002(平成14)年1月、先の児童福祉司の発案をもとに、私は彼と二人で「子どものサポートシステムを支援する会」というインフォーマルな勉強会を立ち上げることを決めました。設立準備会には、鳥取県の西部地区中学校の生徒指導主事をたくさん招いて会の設立趣旨などを説明し、どういう研修があると先生方が救われ、子どもたちに安心が生まれるのかというような意見を集約しました。そしてその年の4月に、この会は任意団体として活動をはじめました。事務局のメンバーは、発起人の私たちに加え、中学校生徒指導主事、家庭児童相談室相談員、病児保育施設の主任保育士と発達障害に精通した中学校教師で構成しました。

本会はその目的を「子どものさまざまな課題解消のために、子どもの背景をアセスメントし、子どもに関わる大人や機関が連携して支えていく『システム』をプランニングすること、さらに継続的な支援につながるモニタリングを意識することを基礎においた研修を行う。また、子どもと向き合い支える現場が抱え込みすぎないようにするために、どのように周囲が機関連携し相互にエンパワーメントしていくかということをみんなで考え学びあう」とし、研修活動と機関同士の連携ができる基礎を作ることに力を入れました。

設立当初から福祉分野の研究者、小児科医、脳神経科医、心理学者や弁護士、スクールソーシャルワーカーなど、全国的に著名で先進的な研究や実践を進めておられる方々を講師に招き、年間3回から6回程度の勉強会を企画しました。毎回の勉強会には、生徒指導主事を中心に地域の小中学校や高等学校の関係者や鳥取県西部地区市町村の福祉行政職員、施設職員、保育士などの福祉関係者、医療関係者等に参加を呼びかけ、30~70名くらいがコンスタントに集まりました。

研修内容は、児童虐待の問題、非行問題の背景、発達障がいのある児童生徒の対応、子どもの貧困（経済格差）問題、不登校、全国のスクールソーシャルワークに関する動向など多岐にわたります。そして、講義の中に出てくる事例について、アセスメントとプランニングについて考えることを継続してきました。また、国の最先端の福祉行政の動き、教育と福祉の連携の動きを知ることができる場ともなりました。

子どもに関わる関係者が子どもたちとのさらに有効な関わり方を探りたいと考え、関係諸機関がもっと容易につながれる方法はないかと悩んでいたために、毎回それだけの人数が平日の夜の研修会に集まってこられたのだろうと思います。

4 小さな街で起きた決して小さくない変化と成果

20年間、実績を重ねながら育まれた緩やかなネットワーク

「子どものサポートシステムを支援する会」は、2021（令和3）年現在も勉強会を続けています。20年近い歴史を重ねてきたこの勉強会が有意義だと思えるのは、同じ地域で暮らす教育関係者と福祉関係者、医療関係者の顔つなぎの場になっているということです。教師からつながりを求める、学校から手をつなぐということが、ようやくできるようになってきたという実感もあります。

異なる機関に所属する者同士が、一堂に会して同じ講師の話を同じ時刻に同じ部屋で聞くということで生まれる連帯感。教師、社会福祉士、児童福祉司、臨床心理士、スクールソーシャルワーカー、保育士、医師等がこの勉強会に何度も参加しているうちに「同僚性」に近い感覚を持つことができるようになりました。別の場や会合で出会っても、ケース会議の場に臨んでも、見知った顔があるとなんとなく安心感が生まれます。この安心感は、米子市が人口15万、隣の境港市を含めても19万人足らずにしかならないという小さなコミュニティであるということで生まれる効果なのだと思います。

このような勉強会で多職種が一堂に会しはじめてから、鳥取県西部地区の学校の荒れは少しずつ落ち着きを見せはじめ、今では、ほとんどの学校で、暴れたり、荒れる児童生徒が少なくなってきました。本会の勉強会がそうした成果を生んだかどうかという検証はしていませんが、多少なりとも本会の勉強会が果たした役割もあるように思います。

子どものサポートシステムを支援する会のこれから

2019年には本会と米子市要保護児童対策地域協議会のコラボレーション企画として、「こども・学校・家庭の現状と地域連携」というテーマで不登校の問題についてシンポジウムを開催しました。シンポジストには本会の代表、関西から小学校管理職と弁護士を招き、私がコーディネーターを務め、300人を超える参加者が集まる大きな研修会になりました。

このシンポジウムの成果は、本会が市町村と共催して研修会を企画し、開催できるということを示したことです。その中で、本会が市町村の福祉職・教育関係者の研修の支援を今後もしていくという次のビジョンを見出すことができました。

本会の短期的な目標は、学校関係者の参加をさらに増やすことです。勉強会には福祉関係者の参加が多く、学校でソーシャルワークをするとはどんなことか、他機関が学校と連携するために必要なことは何か、具体的な事例でどう動くのが適切かを学ぶ目的で参加されています。一方、学校関係者の参加数は伸び悩んでおり、そこが苦しいところでもあります。

本会がなすべきことは、学校と関係機関とをつなぐ役割を果たすということだと考えます。現在鳥取県の教育界も世代交代の波が押し寄せており、若く経験の少ない教師がたくさん配置されています。またこれから、管理職人事も比較的若い年齢での登用が増えていく傾向があり、その事実を踏まえて「子どもをサポートするシステム」をどう築き、どう動かしていくかということについて研修する場を創っていく必要があると考えています。

5●●● 実務として位置づくことで変化が生まれるということ

教師経験を活かした学習支援活動と福祉行政

２００２年から約20年間続けてきた「子どものサポートシステムを支援する会」と並行して、私のライフワークとなったものに、米子市の学習支援事業のコーディネーターとしての活動があります。この活動も、「子どものサポートシステムを支援する会」を通したご縁から関わることになりました。

鳥取県米子市では、２０１４（平成26）年４月から学習支援ボランティア事業（ひとり親家庭の子どもの学習支援）を生活保護家庭の学習支援ボランティア事業との共催で行ってきました。事業対象は米子市内の小学校４年生から中学校３年生までの児童生徒です。毎週土曜日、午後２時半から午後４時半まで米子市の施設を利用して「こども☆みらい塾」（以下、みらい塾）という学習支援の場が開講されています。2021年10月からは、さらに平日の夕方2回の開講が増え、そこでは、中3の受験生対象に学習支援の塾〈こども☆みらい塾トワイライトバージョン〉が始まりました。

私は、2020年4月からみらい塾のコーディネーターの依頼を受け、現在、企画・運営・ボランティアスタッフの差配等を行っています。現在、参加登録をしている児童生徒は約50名。学習支援ボランティアは、島根大学の学生、学校教師OB、米子市職員など合計約50名。開催日にやってくる子どもたちにほぼマンツーマン体制で学習支援ボランティアが配置できており、じっくりと学力保障ができています。みらい塾では子どもたちに、学ぶ場も学び方も学ぶ内容も自分で考えて、「自分で決めて、自分で学ぶ」という実践をしてもらっています。

学校の外から学校と手を結ぶ

本事業の重要なポイントは、みらい塾に参加する児童生徒と保護者と事務局の三者面談の実施をしている点です。面談では勉強に関わることや学校生活のこと、みらい塾への要望などを聞いていますが、最も大切なことは、「学校との情報共有の可・不可の確認」です。子どもたちへの最適なケアのためには、みらい塾と学校が連携しておかなくてはなりません。そのために在籍校との情報共有をさせてもらえるよう、子ども、保護者にお願いするということです。

情報共有してもよいという確認がとれたのちに、事務局は改めて学校に出かけ、学校での子ども本人の授業中の様子、友人関係や生活状況などの情報を聞きます。そしてみらい塾での様子を伝え、情報共有を行います。

みらい塾の各回終了時に、学習支援ボランティアは担当した子どもの様子や気になる発言などを記録用紙に記載します。それを市職員がカンファレンスシートにまとめ、週明けに行う事務局の情報交換会で子どもの学びの様子、暮らしの様子を確認、検討します。何か気になる事項が出てきた際には、学校を含めた関係機関に伝え、情報共有をします。喫緊の課題が出てきた際には、機関連携しながら即時対応をします。こうした動きも小さな市であるために可能な機動力の良さであると考えますし、この学習支援事業の主体が米子市行政なので可能なことであると思います。

この事業を進めていくことで、米子市の福祉行政が各学校と綿密に連絡を取り合い、連携を密に進めていくという実務的な動きにつながります。それにより、さらに広がりのある機関連携が円滑になされていく可能性があると考えています。

6 おわりに——学校から「助けて」ということの意味

2000年代初め頃、私は学校教育に地域の人や保護者をどう巻き込めば楽しんでもらえるかということを考えていました。そこで、生徒が行うイベントを手伝っていただけるボランティアを保護者に募ったところ、約6~7割の家庭からの参加がありました。また、公民館長に、学校も地域も得する休耕地活用の相談に行くと、自治会の方々は教師にはわからない手続きをどんどん進めてくださいました。保護者も地域の人も学校から声をかけると二つ返事で動いてくれ、想像以上の成果を上げてくださるという経験を何度もしました。ほかにも、市内で最初に始めた専門職の定例情報交換会や、学期末に開いていた校区の主任児童委員を学校に招いて行う茶話会も、学校外の皆さんが学校とつながりを持つことを楽しみにしてもらえるようにと考えて始めた会合です。本音を言えば、自分の学校の困りごとを優先的に考えてもらうためには、そうした人間関係の「しがらみ」をつくっておくのが一番だという思いもありました。結果的に、私たち教師は、本当にたくさんの人たちと「顔が見える関係」を築くことができました。

他機関からの連携の手を待っているのではなく、学校から困っていることを困ったこととして、しんどい思いを最も話しやすい機関に伝えていく。まずは、抱えていることを口に出して、教師からつながりを求めていく。そこから始めてみることが大事なのかもしれません。そして「助けてほしい」と言う。「助けて」と言われて、心の動かない専門職や支援機関はないと思います。それができたのなら「こういうことを目的に、うちはこうやってみるけど、お宅でこういうことを担ってくれないだろうか…」という役割分担を前提にしたつながりを求めることもできていくことでしょう。

そのためにも日頃から学校は校外の関係機関と密な「しがらみ」を作っておくとよいと思います。そうすると、事案は自然に動き始め、教師はいつもと同じように子どもと向き合っているだけで、いろいろなことが好転していくようになると思っています。とはいえ、それが簡単ではないことも私自身がよく知っています。教師を退職したいま、今度は学校の外から、学校への「しがらみ」を作りながら、教師から手をつなぐことの意義を、地元の学校にいろんな形で伝えていきたいと考えています。

04

特別支援教育の未来を創造する
～必要とするすべての子どもたちへの支援～

山中徹二

やまなか・てつじ

1977年大阪生まれ。大阪人間科学大学人間科学部助教。社会福祉士。障害児者の地域生活支援や不登校の子どもの居場所づくり、スクールソーシャルワーカーの経験を踏まえ、特別な教育的ニーズのある子どもへのスクールソーシャルワーカーの支援について研究。主な著書に『特別支援教育時代における多職種連携（SNEジャーナル）』（共著、文理閣）、『日本のスクールソーシャルワーク実践とその課題』（共著、教育PRO）など。

1 学校と私

卒業アルバムをめくりながら

現在、大学の社会福祉学科で障害児者福祉やソーシャルワーク分野を専門とする教員をし、また学外の活動として市の教育委員会や特別支援学校でスクールソーシャルワークに関係する業務に携わっています。特にスクールソーシャルワーカーという、学校現場に入る福祉専門職の仕事は、大学教員になる前から活動しており、今では実践研究としても捉えながら活動しています。

改めて自分自身の小中学校時代を思い返すと、基本的には学校は好きな子どもで、毎日楽しく登校していたと思います。私の通っていた小学校は、大阪市内の500人規模の学校でした。クラスは3クラスあり、2年ごとに1回のクラス替えは楽しみにしていた記憶があります。小学校時代はただただ、友達と楽しく遊ぶことに一生懸命でした。放課後や土日は近くの公園に行ったり、小学校区を離れ、遠くに繰り出すなど遊び回る毎日でした。学校でも、勉強そっちのけで休み時間や給食を楽しみにしていた子どもだったように思います。

友達関係は良好でしたが、一方で、教師との関係は深まらなかったように思い返されます。何かを相談するということや、深く話し込んだことは小中学校時代含めほとんどなかったように思います。大人は自分を叱る存在、束縛する存在というふうに捉えていたのかもしれません。そのような中でも、5・6年生時の担任の先生からは、何度かほめられた経験があり、その記憶は鮮明に残っています。子どもでしたし、自分に都合のいい部分だけ切り取った記憶かもしれませんが、客観的に自己を評価されたうれしい言葉として、それは今にも生きています。

中学生になると、2つの小学校が1つの中学校に集まる学校であったことから、友達関係が変化し、また思春期の入り口ということからか、他者との関わりを積極的にはしなくなったように思います。ただ、学校には何があっても、毎日行かなければならないということが当たり前で、それが学校というものなのだと認識していました。

転機

高校生の話は置いておき（こちらも勉強そっちのけで学校生活を楽しんでいました）、大学は経済学部に進学することにしました。なぜ経済学なのか明確な理由はなく、恥ずかしながら何となくそこを選んだということにつきます。そのような学生でしたので、授業もさぼりがちになり、アルバイトに明け暮れる毎日を過ごしていました。

ただ、ある日を境に、自分の人生に影響するような多くの人との出会いと、今までにない経験を得ることになります。それは1回生の秋、友人からの誘いで、ある重度心身障害者とそのご家族と出会うことから始まります。ひょんなことからそのお宅にヘルパーとして週に2日程度訪問することになり、その方とは、大学を卒業してからも関わりを持たせていただくことになります。また、その方が日中通う「作業所」にも出入りすることとなり、他の障害のある方々やそのご家族、職員の方々とも交流するようになりました。

結果的に大学在学中の4年間は、障害者のホームヘルパーやガイドヘルパー（外出支援）として活動することになりました。その中では、楽しさだけでなく、障害のある方々やその家族が直面する、さまざまな社会生活上の課題を共有させていただくこととなり、何気なく生きていた自身の価値観が大きく揺さぶられ、その後の人生まで影響を受けることとなりました。特に目的なく大学に通い、社会生活を送るはずであった生き方からの大きな転換点でした。

NPO法人の設立

そのような経験をしたことで、大学卒業後は社会福祉士の養成校に通い、社会福祉士資格を取得しました。その後はすぐに就職せず、当時NPO法（特定非営利活動促進推進法）が施行され間もない頃でしたが、大学時代のヘルパー仲間と共に、これまでの活動を組織化、法人化し、ヘルパー活動を本格的に仕事にしようと準備を進めました。翌年NPO法人み・らいずとして認証を受け活動を開始しました。

その後、学校との接点を多く持つようになったのは、NPOで不登校の子どもたちに関わる事業を担当するようになったことがきっかけでした。当時を振り返ると、基本的に学校が好きだった私は、「不登校」ということをよく理解しておらず、それは怠学や本人の課題であること、くらいにしか考えていませんでした。しかし、その子どもたちと関わるうちに、不登校の背景にはさまざまな福祉的課題があることを理解しました。経済的貧困、被虐待、家族関係の不和など家庭環境の問題、そして個人因子としての発達課題や障害といった事柄が学校生活や家庭生活などと複雑に絡み合うことで、学校不適応となり「不登校」として顕在化することを目の当たりにしました。これらは教育課題でもあり、大きな福祉課題でもあると認識した時期でした。

学校批判を越えて

このNPOの事業は、次第に地域の学校との連携や協働が必要となっていったのですが、学校と接点を持つことの難しさを多分に感じた事業でもありました。そして、そのような体験がいつしか学校批判へと傾く自分を知ることにもつながり、何か打開策がないかと考えていました。その時出会ったのが、当時まだ日本でも導入されていなかったスクールソーシャルワークでした。まさに自分自身が求めていたものがアメリカでは当たり前に存在し、それが100年以上の歴史を刻んでいることを知ったときの衝撃は今でも忘れることができません。しばらくは、そのスクールソーシャルワークの視点の片鱗《へんりん》を真似ながら、学校外で不登校の子どもたちをサポートする仕事に従事することになります。

2008年、ついにそのスクールソーシャルワーカーが日本でも、国のモデル事業として導入されることになりました。同年に私も大阪府内の自治体で週2日、NPOの活動と兼務しながら、スクールソーシャルワーカーとしての実践を開始することとなりました。

2●●●学校に多様な視点が求められる理由

通常学級で困り感を抱える子どもたちの存在

日本の学校制度には、明確に障害があると判断されている子どもに対しては特別支援教育を受けられる環境があります。一方で、そのような子どもたち以外にも、支援が必要な多くの子どもが通常学級に在籍している実態があるにもかかわらず、その子どもたちは特別支援教育の対象となりがたい現状があります。

日本では2007年に特殊教育から特別支援教育へと移行しました。しかし日本教育学会第75回大会で高橋は、そのありようについて当初の障害や特別ニーズを有する子どもの学習と発達が保障されるという、理念・目標とは大きくかけ離れた実態があり、通常の学校・学級に在籍する多様なニーズを有する子どもへの特別な教育的配慮が不十分であると指摘しています[注1]。

そのため、学校生活上の困難を抱えている軽度知的障害や発達障害が疑われる（以下では、障害グレーゾーンと表記）子ども、被虐待児や不登校など多様な教育上のニーズを抱える子どもなどへの教育支援を保障する制度が存在せず、その子どもたちに本来必要な教育が提供されていないのです。さらに、家庭などの子どもの社会環境要因の困難さが加わることで、教員のみでは対応困難なケースとなり、状況はますます悪化していくのです。残念ながら、2021年現在でもこのような制度上の不備によって、子どもの教育を受ける権利が保障されていない状況は改善されていません。

本来の、特別支援教育を

文部科学省の「特別支援教育の在り方に関する特別委員会（第5回）2010年」においても、対象となる児童生徒に関して以下のような指摘がなされています。「ほかのいわゆる先進国に比べて、障害のある、あるいは特別な対応を必要としている子どもの率が、日本は極端に低いです。データとして2％少しです。アメリカが11％、そして、イギリスは、学習困難も含めると20％となります。裏を返して言いますと、日本の場合、これほど高い率ではないとしても、通常の学級の中に既に支援を必要としている子どもたちが支援を受けないままにいる可能性がとても高い状況だろうと思います[注2]」。また、いわゆる障害の診断が得られない「ボーダーラインの方、それから軽度の知的障害の方々、実はこういった方々が既に通常の学級にいるという事実が、海外の統計からの比較から、日本では伺える」とし、支援が必要ないとは言い切れない子どもが、通常学級に多数在籍していることを問題視しています。

私は、本来であれば通常学級に在籍する障害グレーゾーンの子ども、さらに、被虐待や不登校などの困難を抱える子どもを含め、特別な教育ニーズがある子どもという捉え方で、学校教育制度の中で支援されるべきだと考えています。そのような思いを強く抱くようになったのは、スクールソーシャルワーカーとしての経験も影響しています。

スクールソーシャルワーカーの経験から

私はスクールソーシャルワーカー（以下、ＳＳＷ）として活動する中で、不登校や虐待、学校内外での暴力行為、いじめなど、子どもが抱えるさまざまな課題に取り組んできました。これらの課題は複雑に絡み合っていることが多く、子どもと子どもを取り巻く環境との相互作用の中で顕在化します。ＳＳＷはこの学校で見える子どもたちの課題がなぜ起こっているのか、その背景を見極め、子どもとその取り巻く環境に働きかけていく職種です。

私がＳＳＷスーパーバイザー（以下、ＳＳＷ－ＳＶ）として関わっているA市でも不登校や虐待、暴力行為、いじめなどのケースが多く見受けられます。A市のＳＳＷは中学校校区を担当する拠点校配置方式で展開しています。ＳＳＷ－ＳＶの役割の一つには、ＳＳＷが個別ケースに関わる中で、その展開に困難を感じる事例について概要をまとめ、改めてＳＳＷと共にケースアセスメントを実施したり、プランニングをしたりすることが挙げられます。今回、過去2年間にＳＳＷから相談を受けたケースについて、子どもの抱える困難の実態について改めて振り返ってみました。

見えづらい障害と学校生活

ケースとしては小学1年生から中学2年生までの計26ケースでした。そのうち男子児童生徒は16

ケース、10ケースが女子児童生徒でした。これらのケースにおいて教員からSSWに対する当初の子どもに関する主な相談内容は以下のとおりです。

「被虐待」「不登校」「学校での暴言や暴力」「教室を飛び出すなどの落ち着きのなさ」「学習のつまずき」「学校と保護者との関係」「経済的問題」「子育て不安」「母親の精神疾患」でした。これらは単独ではなく、5ケースを除きすべてが幾重にも課題が重なっている複合的に課題を有するケースでした。また、26ケースのうち、子どもに障害やその疑いのあるケースが20ケースとなり、その内訳は、「診断はされていないが、知的障害の疑いがあると思われるケース」が3ケース、「発達障害の疑いのあるケース」が3ケースでした。また、「発達障害と診断されているケース」は6ケース、「軽度知的障害と診断されているケース」は4ケース、「知的障害とは診断されなかったが、境界域知能に位置するケース」は4ケースとなっています。表出しているさまざまな課題とともに、障害を抱える子どもが多数を占めていました。既に診断されているケースのうち、特別支援教育を受けているケースは2ケースで、世帯構成では、26ケース中、母子世帯が12ケース、父子世帯が1ケースでした。

子どもが抱える生活困難と障害

SSW－SVへ相談を行うケースということは、教員やSSWが何とかしたいと考えているが、その対応に苦慮しており、難しさを感じているケースであるということがあります。それらのケースを見ていくと、特に目を引くのが子どもの障害についてです。障害の診断のあるケースや障害グレーゾーンに位置する子どもが多数を占めています。ここでは26ケース中20ケースに上るわけです。そのほとんどが通常学級に在籍する子どもでした。また、子どもの障害への対応を主訴とするケースはほとんどなく、他に顕在化している虐待や不登校、学校での問題行動が主訴として相談の遡上にのってきます。

ここで事例を一つ紹介します。この事例は架空の事例ですが、これまで相談のあった多くの事例からその特徴を基に創作したものになります。

●中学2年生男子、健治（仮名）のケース

健治の家庭はひとり親世帯で、母親と中学2年生の健治、そして小学6年生の弟の3人暮らしです。健治は特に最近になって遅刻や欠席が増えました。また、暴言や教室を飛び出すなどの行動や家に帰っても夜間外出が多く見られます。母親はパートをしており、日々忙しくしていることを以前、健治が担任に話していました。

学校では健治の遅刻の多さや、欠席も日増しに多くなる状況に心配の声があがっていました。教室では、自分の意に沿わないことがあると、周りに暴言を浴びせたり突然教室から飛び出したりするなどの行動があり、それは小学生の頃からたびたび見受けられました。また、小学校高学年頃から学習面での困難さが見られるようになり、中学2年生でより目立つようになっていました。また、これまで学校生活では友達と過ごしている様子がありましたが、最近では一人で過ごすことが多くなっていました。

中学2年生の担任はそんな健治に向き合ってきましたが、その対応にも限界を感じていました。担任は母親に対しても働きかけをしてきましたが、連絡がつかないことが多く、協力を得ることが難しく、やっと母親と話ができたとしても、その後母親が健治と学校生活について話し合っている様子を感じることはできず、母親への不信感が高まっていました。このような状況から、教員間では健治には、個別支援も必要で、何らかの障害が疑われるのではないかということから、病院受診が必要ではないかと話し合われました。そして、学校として、担任から母親に、健治の病院受診を改めて提案しました。担任は健治とも話し合い受診に至りましたが、結果的には医師から障害の診断は成されませんでした。明らかになったことは、健治が直面する「困難」は、これまでの家庭生活環境上の課題や学校での支援体制の不備によるものであるということでした。

このようなことがあり、母親は担任に不信感を抱いてしまいました。そのような状況について、教育相談担当教員からSSWに相談があり、SSWはこれまで健治の担任を経験した教師に健治や家庭の様子を確認しました。そして、SSWと教育相談担当教員は、夕方以降何度か家庭訪問をする中で母親と玄関越しに話をする機会を得ることができました。母親はパート就労を始めたと聞いていましたが今は休んでおり、家で過ごしているとのことでした。かねてから精神的な落ち込みがあり、あまり動けないとのことでした。その後ＳＳＷは母親と数回会うことができ、これまで家計をパートで支えてきたことや、健治の学校での問題行動により、学校から頻繁に連絡があることは知っているが、それに対して向き合う余裕がなかったということが分かってきました。

母親自身も、これまで健治に対する育児不安があったことや、かつて離婚した夫から母親への暴力やしつけと称した健治への虐待があったということも分かってきました。また、健治自身も母親の体調を心配しながら家庭生活を送っていることや、学校生活では学習面や友人関係の難しさに直面する中で、家庭や学校で自分の居場所を求めていることが少しずつ明らかになりました。

この事例をみると、健治には、何らかの「個別支援」が必要ではあるでしょう。しかし、今回の学校の判断ミスは、個別支援を行う理由として、「障害の疑いがあることを前提として、受診を勧めたこと」にあります。障害を疑う合理的根拠が明確であれば問題はありませんが、このエピソードだけでは、受診を勧める根拠にはなりません。

このような「不幸なたらい回し」は避けるべきなのですが、現在の特別支援教育制度では、健治への個別支援を適用できないため、このような問題が生じてしまっているケースが少なくないと感じています。

障害の診断が得られないと学校での教育支援ができないという発想ではなく、診断はなくとも健治のような特別な配慮を要する子どもに対して十分な教育支援が必要なのです。子どものニーズを踏まえた学校での支援が可能となるよう、現行の特別支援教育制度の改善が求められます。

インクルーシブ教育への視座

我が国では2014年に障害者権利条約に批准し、さらなるインクルーシブ教育の視点が教育分野で求められています。インクルーシブ教育とは、「排除しない教育への通常教育の改革であり、質の高い教育の実現を目指すこと」[注3]です。ユネスコの「サラマンカ宣言と行動大綱」ではインクルーシブ教育の概念が包含されており、教育を受ける権利を享受していない子どもたちに対して教育を保障するために、特別ニーズ教育という概念を提起し、その実現を求めました。インクルーシブ教育の主張は、その対象に病理による障害に起因する特別ニーズ児に加えて、多様な要因による特別な教育的ニーズを包摂している子どもをも含みます。[注4]

現在の日本の特別支援教育制度の枠組みでは、本来のインクルーシブ教育の実現がかなう状況ではありません。ただし、そのような制度上の課題を抱えつつも、できる工夫をはじめている学校があります。学校が、NPO等の地域にある社会資源と協働することで、多様な子どもたちへの支援の可能性を広げようとしています。その実践を紹介します。

3 すべての子どもの居場所となる学校づくり

校舎の中で、先生以外の大人に出会う

私が以前視察とインタビューをさせていただいた実践活動です。その取り組みは、大阪市にあるNPO法人FAIRROADが運営の中心を担い、大阪市立市岡中学校で週1回開設している子どもの居場所「はとばカルッチャ」です。この活動は、中学校の校舎内で実施されており、この中学校に在籍するすべての子どもが利用できる取り組みです。最近では公立高校の中で、このような居場所づくりの取り組みは実践されていますが、地域のほとんどの子どもが通う義務教育内での取り組みは、あまり馴染みはないかもしれません。この事業の枠組みとしては、お昼休みと放課後の時間帯を使って、子どもが自由に集える場になっています（写真1・2）。

大阪市立市岡中学校では、地域団体やNPO、企業など地域のまちづくりに関するいろいろな団体が集まり、話し合い、協力しながら、さまざまな分野における地域課題の解決やまちづくりに取り組んでいくための仕組みである地域活動協議会を軸に、NPO法人FAIRROADのスタッフや地域の方々が中心となって、子どもたちと関わっておられます。

給食を食べ終えた生徒が「はとばカルッチャ」として開室している図書室に集まり、友達同士でカードゲームやボードゲームをし、その中にNPOスタッフや地域住民のボランティアが入ります。

写真１　居場所の概観

写真２　居場所で過ごす生徒

お互い顔なじみになっている間柄なので、一緒にゲームをしながら最近の出来事を話したり、子どもからの相談ごとに応じたりしています。中には一人で居場所を訪れる生徒もいます。何気なく居場所スタッフの横に座り、おしゃべりを楽しんでいる様子があり、スタッフは訪れた子どもたちと少しずつ距離を縮めるような形で関係づくりをしている姿がありました。

「居場所」の意義

ＮＰＯ法人ＦＡＩＲＲＯＡＤ代表の阪上さんは、居場所の意義について「居場所は多様な大人や子どもたちの間で関係性を継続して築くことで、生徒自らが自身の『気持ち』や『価値観』に気づくことができる場です」と仰っていました。

また、市岡中学校の西川校長先生は、居場所を校内に設置した理由を次のように話されています。

「時代の流れと共に、教員のタイプが変わってきたこともあり、これまで多様な視点を持ち合わせていた教員が学校内にはいたが、画一化していった面もあってね。子どもが多様化しており、より幅広いニーズを抱えた子どもが目の前に現れた時に、特に教員に求められる役割の多さや、そして多忙化している教員がどこまで対応できるのか、という難しさを抱えているということもありました。先生という立場だけでなく、居場所では地域の異なる立場の方々が子どもに関わることで、子ども自身は一人の人間として、いろんな意味で認められていると感じることができます。そしてその経験から自分のことを丁寧にきっちりと考えられることにつながります。このような育ちの場が中学校の中にあることが大事であると考えています。」

担任などの教師の存在が、その子どもの「居場所」となることも可能だと思いますが、一方で、教師という評価する立場の大人との関係性が、そのような子どもとの関係づくりを疎外してしまう場合もあるでしょう。これまで私は、生活上の困難を抱えてきた発達障害や軽度知的障害のある若者たちにライフヒストリーインタビューをしてきました。その中での印象的な言葉に、それぞれの若者が過去に関わりのあった学校の先生に対して、「もっと向き合ってほしかった」ということを話していたことがあげられます。

学校では教員の役割の多さや複雑化、多様化した課題に対して教員や学校だけで対処することの難しさが顕在化し「チーム学校」の重要性が叫ばれています。そして「チーム学校」では学校内だけの体制構築にとどまらず、地域社会との連携や協働を求めています。家庭や学校に居場所を見出せない子どもや、自己表現が苦手な子どもの場合、この居場所のスタッフのような評価する立場でない、親との「縦」の関係性でもない、「斜め」の関係性があることで自分の存在価値を感じ、自分自身に向き合うことができるのだと思います。

4 多様な子どもの居場所づくりを広げるために

大人同士の対話からはじめる

学校内に居場所を設けるという作業は簡単なことではありません。そこには校長先生のリーダーシップ、さらには教職員の方々の理解と協力しようとする姿勢が欠かせないと考えます。特にご紹介した学校内の居場所のように、外部のＮＰＯや地域住民が校内で活動をする場合、教員の立場にたてば、そのような取り組みは教員がするべきことなのではないのか、という葛藤が生まれることが予想されます。そのような葛藤を解消していくための学校内での対話が特に重要となるでしょう。

また、ＮＰＯや地域の団体が学校と協働していくためには、校長のリーダーシップに頼るだけでなく、日々子どもに関わる教員の思いを汲み取りながら丁寧にコミュニケーションをとること、そして子どもへの対応を学校全体としてうまく機能させようとする既存の学校組織体制にまで目を配る必要があります。それを無視して活動を進めるのではなく、うまく役割分担しながら互いを認め合い協働する視点が大切だと言えます。

分析と評価の重要性

紹介した取り組みを広げるという意味では、やはり教育分野内での取り組みであることを重視し、「子どもの学校生活や教育にどのような効果をもたらすのか」という視点で、分析・評価を行い、発信することが大切だと考えます。OECD（経済協力開発機構）は加盟国9か国を対象に実施した横断的研究とその分析結果から、「子どもたちは、人生においてプラスの結果を出すために、認知的スキルと社会情動的スキルをバランスよく身につけることが必要だ」と結論づけています[注5]。つまり、読み書き能力、学習達成度テスト、成績などで測定可能となる認知的スキルだけが、子どもの成長や発達、さらに学校卒業後の社会生活に意味を成すのではなく、忍耐、自己肯定感、社交性、誠実性、情緒安定性などの社会情動的スキルの獲得が子どもたちの将来に大きな影響を及ぼすと指摘しています。

このような社会情動的スキルを高めることができる可能性が、学校内で多様な人たちが継続的に関わる居場所にあると思います。これまでの一般的な考えでは、子どもたちの社会情動的スキルの獲得についても、教員が中心的な役割を果たすことが期待されてきました。教育基本法や2008年に改訂された学習指導要領の中でも「『生きる力』をはぐくむ」という理念の中にこの考え方が活かされています。しかし、すべてを教員が担うということではなく、学校という場をとおして、子どもたちと多様な大人たちとの関わりがあり、その中で新たな経験がうまれることで、社会情動的スキルを子どもたちが獲得することが可能になり、それらが認知的スキルのさらなる獲得に結びつくのではないでしょうか。

義務教育の入学時点から、通常学級で過ごす配慮を要する子どもを含む、すべての子どもを包摂する可能性を秘めたこの活動を押し広げるためには、社会福祉学の視点に加え教育方法学等との学際的な実践研究が有用だと考えます。子どもたちだけでなく、子どもを取り巻く環境を視野に入れ、学校教育や個々の支援の在り方にどのような意義をもたらすのかについて客観的に分析し評価、発信することが求められるでしょう。

注

1 日本教育学会第75回報告（2017）「課題研究 インクルーシブ教育をめぐる包摂と排除」『教育学研究』84（1）、55〜60頁

2 文部科学省（2011）「中学校キャリア教育の手引き」https://www.mext.go.jp/a_menu/shotou/career/1306815/.htm

3 清水貞夫（2010）『インクルーシブな社会をめざして ノーマリゼーション・インクルージョン・障害者権利条約』クリエイツかもがわ

4 清水貞夫（2011）「特別支援教育からインクルーシブ教育の制度へ」『障害者問題研究』39、2〜11頁

5 経済協力開発機構（OECD）編著 武藤隆・秋田喜代美監訳（2018）『社会情動的スキル——学びに向かう力』明石書店

文献

松本伊智朗（2013）『子ども虐待と家族——「重なり合う不利」と社会的支援』明石書店

05

高校のスクールソーシャルワーカーの可能性を探る

～アンケート調査から～

安原佳子

やすはら・よしこ

大阪育ち。桃山学院大学社会学部社会福祉学科教員。発達相談の仕事を経て現職。子どもたちへの継続的な支援を通じ、ソーシャルワークの視点の必要性を実感。現在は、障がいのある子どもの発達支援とソーシャルワークについて研究。主な著書に『知的障害者と生涯教育の保障』（共著、明石書店）、『アメリカの発達障害者権利擁護法』（共訳、明石書店）、『高等学校における特別支援教育の実践』(共著、あいり出版）など。

1 私と学校（「学校」に関わるようになったわけ）

障がいのある子どもとの出会い

私は以前、障がいのある子ども（と家族）の発達相談の仕事をしていました。大学では心理学を専攻していたものの、特に、障がいのある子どもたちに関心があったわけではありません。卒業論文を書く際、たまたま、臨床現場での子どもの心理療法に関わるテーマを選び、現場で指導してくれる先生から「子どもに慣れるために勉強に来たら」と誘っていただいたことがきっかけです。その先生は、ある大学の教員で、自身の研究室をプレイルームにし、障がいのある子どもの発達相談をされていました。そこで、知的障がいや発達障がいのある子どもたちと出会い、さまざまな経験をする中で、多くのことを学びましたが、一番大きな学びだったかなと思うのは、「障がいがあっても環境次第でその子どもの本来持っている力が伸びる可能性がある」ということです。たとえば、障がいがあるため言葉の発達が遅い子どもに対して個別で指導するのも大切でしょうが、保育園等で定型発達の子どもたちの集団に入ることで、コミュニケーションの取り方のモデルを見ることができ、周りの友だちとコミュニケーションをとる楽しさが経験できます。これらは言葉を使用するうえでのモティベーションに大きく影響し、言語の発達にも大きく影響する、ということです。

障がいのある子どもを取り巻く環境と学校

大学卒業後、発達相談の仕事につきました。子どもを取り巻く環境を調整していくうえで、家庭生活や地域生活の環境をどのようにすれば楽しく充実した生活を送れるのか、子どもの可能性が伸ばせる環境になるのか、保護者の方と一緒に考えながら仕事をしていました。そこで関わってきたのが福祉や教育の分野でしたが、その当時は、障がいがあるというだけで、通常の環境から排除されることが多くありました。たとえば、母親がもともと働いていても「障がいのある子どもを抱えてるのになぜ仕事を辞めないのか」と保育園の申し込みを受け付けてもらえない、特別児童扶養手当の申請に行くと「そんなにお金がほしいのか」と窓口で言われたりなど、人権に関わる驚くようなことがいっぱいありました。このようなことを保護者から聞く中で「福祉って、弱い立場の人を助ける仕事ではなかったの?」と疑問がふくらみ、社会福祉を勉強しようと思い、仕事をつづけながら大学院に行くことにしました。

スクールソーシャルワークへの関心

その後、縁あって、大学教員に転職することになりましたが、ケースで関わっていた子どもたちが成長するにつれて、保育園や幼稚園、小学校、中学校、高校と教育現場に関わることが増えていき、また、障がい児保育や特別支援教育の巡回相談でケース以外の子どもたちに関わることも増えました。以前の職場は、あえて保護者の方が相談に来られていたところだったので、保護者の方ははじめから協力的で、その点では苦労することがありませんでした。しかし、巡回相談で先生方の相談にのる中で、困難なケースは実は生活環境が安定していない、ということが多くあり、そのころまだ制度としてはありませんでしたが、支援の一つの方法として、スクールソーシャルワークに関心を持つようになりました。

現在は、障がいのある子どもの支援で直接学校に関わることも続けながら、スクールソーシャルワーカーのスーパーバイザーとして間接的に学校に関わっています。そこで、ここでは大阪府立学校を対象に行ったある調査から、高校におけるスクールソーシャルワーカーの活用に関する課題について見ていきたいと思います。

2●●● 調査の背景（大阪府立学校におけるＳＳＷの配置）

高校に、スクールソーシャルワーカー配置を求める声

現在、虐待やいじめ、引きこもり、貧困問題などさまざまな問題を抱える子どもたちが増えています。それらは単に子ども自身の問題として解決できるものだけではなく、子どもたちの背景にある生活環境に目を向けての支援が必要な場合が多くあります。そのような状況の中、大阪府では２００５年より小学校、中学校にスクールソーシャルワーカー（以下、ＳＳＷ）が配置され、子どもたちの抱える問題に対応するようになりました（国の事業としては２００８年にＳＳＷ活用事業が

開始）。ただ、小学校、中学校に通っている間に解決できないこともあります。今やほとんどの子どもたちが高校に進学するなか、[注1]解決できていない問題を抱えて高校に進学する子どもも少なからずいるでしょう。そのため、高校においても、生徒たちが抱えている問題に対応していくためSSWを活用したいという要望が強まってきました。

大阪府の高校におけるスクールソーシャルワーカー配置のはじまり

大阪府教育庁において、はじめて府立高校にSSWを配置した事業は、2014年度〜2016年度の「キャリア教育支援体制整備事業」です。実は、これに先立ち、高校卒業生の就職内定率の上昇と進路未定者の減少を目標にした「実践的キャリア教育・職業教育支援事業」（2011年度〜2013年度）がありました。この事業では、対象校に就職支援コーディネーターが配置され、その結果、就職内定率が上がり一定の効果が出ました。しかし、進路未定者が少なくなったとはいえ、ゼロとはならず、その中には学校教育だけでは解決できないさまざまな問題を抱えている生徒が多いことが明らかになりました。それに対してSSWの必要性があがり、「キャリア教育支援体制整備事業」においてSSWが置かれることになりました。この事業では、6校にSSWが配置されました。[注2・注3]

そして、2016〜2017年度では「様々な課題を抱える生徒の高校生活支援事業」において、生徒支援を通じて学校への定着を図り中退率を減少させるという目的でSSWが配置され、

表１　学校種別の内訳

校種	全日制	定時制・通信制	支援学校	計
学校数（%）	103（71.5）	14（9.7）	27（18.8）	144（100.0）

２０１８年度には「課題を抱える生徒フォローアップ事業」となり、ＳＳＷの配置も少しずつ拡大されました。また、エンパワメントスクール[注4]においても２０１６年度よりＳＳＷの配置が始まりました。

ただ、ＳＳＷが配置されている少数の学校だけに問題を抱えている生徒が在籍しているわけではありません。事業の対象から外れている学校においても、在籍しています。このような状況の中、大阪府立学校人権教育研究会では２０１８年度に「スクールソーシャルワーカーとの協働」をテーマに夏季セミナーや学習会を実施しました。その中で、校長・准校長からＳＳＷ予算の拡大やどうすれば学校でＳＳＷを効果的に活用できるかなど学校現場からの思いが多く出てきました。そこで、大阪府立学校人権教育研究会との共同で、学校の現状を整理するための調査を２０１８年に実施する運びとなりました。[注5・注6]

3 調査から見えてきたこと

ここでは、この２０１８年の調査を中心に、高校生が抱える問題とＳＳＷの活用について見ていきたいと思います。調査の対象は、大阪府立学校２０２校（高等学校全日制、定時制・通信制、支援学校[注7]）の校長・准校長で、そのうち１４４校から回答（回収率71・3％）が寄せられました（表1）。

表2　専門職の人材活用の状況（n=144）

専門職	活用している学校数（%）	
	2017年度	2018年度
スクールカウンセラー（SC）	121（84.0）	120（83.3）
キャリアコーディネーター（CC）	20（13.9）	19（13.2）
スクールソーシャルワーカー（SSW）	34（23.6）	41（28.5）
看護師	20（13.9）	20（13.9）
スクールロイヤー	2（1.4）	5（3.5）
その他	14（9.7）	16（11.1）

注：設問であげている専門職の人材活用に関する大阪府教育庁の事業（2018年度）について
SC：大阪府教育庁「障がいのある生徒の高校生活支援事業」において支援学校以外の高校に全校配置
SSW：「課題を抱える生徒フォローアップ事業」とエンパワメントスクールに配置
CC：エンパワメントスクールに配置
看護師：2018年度は政令市を除く府内の支援学校と「障がいのある生徒の高校生活支援事業」で医療的ケアを必要とする生徒がいる学校に配置
スクールロイヤー：スクールロイヤー制度において府立学校全校対象

①府立学校におけるSSW等専門職の活用

教育現場にはさまざまな専門職が関わっていますが、その活用の状況は表2の通りです。活用については、1回限りの研修等は含んでおらず、何らかの支援のために活用している場合を指しています。

スクールカウンセラー（以下、SC）は、もともと支援学校以外の府立学校に全校配置されているため、活用している学校数が多くなっています。それに続いて、SSW、キャリアコーディネーター、看護師があがっています。また、その他の専門職としては、精神科や整形外科等の医師、理学療法士、作業療法士、言語聴覚士、臨床心理士、（SC、SSWの）スーパーバイザーなどがありました。

2017年度と比べ2018年度で活用が増えている専門職は、SSWとスクールロイヤーでした。これは、生徒の抱える問題がより複雑にまた深刻になってきたこと、また、その問題が生活背景からくるものが

図１　連携を行った機関

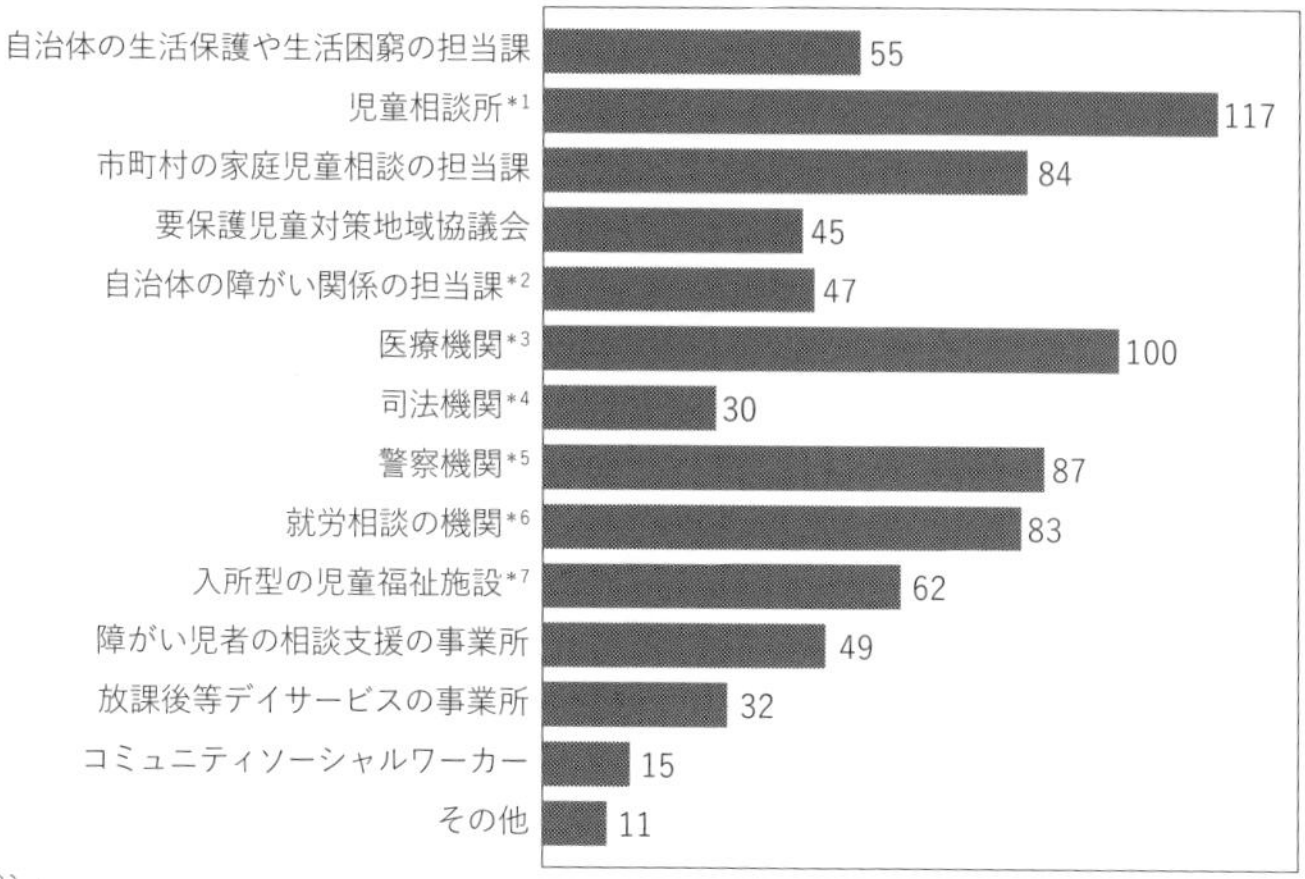

注：
＊1　児童相談所（「大阪府子ども家庭センター」「大阪市こども相談センター」「堺市子ども相談所」）
＊2　自治体の障がい（身体、知的、発達、精神）関係の担当課
＊3　医療機関（医師、看護師、PT、OT、ST、MSW、薬剤師等）
＊4　司法機関（家庭裁判所、保護観察所、少年院等）
＊5　警察機関（大阪府警、地域警察署の生活安全課少年係、少年サポートセンター等）
＊6　就労相談の機関（ハローワーク、若者サポートステーション等）
＊7　入所型の児童福祉施設（児童養護施設、児童自立支援施設、母子生活支援施設、障がい児施設等）

多くなったという認識が少しずつ学校においても理解されてきたことなどが理由として考えられます。

②府立学校と学外資源との連携

図1は、2017年度、2018年度2年間の府立学校と学外のさまざまな諸機関との連携の状況を聞いたものです。児童相談所、医療機関、警察機関、市町村の家庭児童相談担当課、就労相談機関について、半数以上の学校で連携がとられています。これらの機関については、学校種別にあまり関係なく多い傾向にありました。逆に、どの機関とも連携をとっていなかった学校は、10校ありました。

表3　学校種別と連携機関

機関	全日制（n=103）	定・通（n=14）	支援学校（n=27）
自治体の障がい関係の担当課	21（20.4%）	5（35.7%）	21（77.8%）
障がい児者の相談支援の事業所	20（19.4%）	5（35.7%）	24（88.9%）
放課後等デイサービスの事業所	10（ 9.7%）	1（ 7.1%）	21（77.8%）
司法機関	18（17.5%）	6（42.9%）	6（22.2%）
警察機関	65（63.1%）	9（64.3%）	13（48.1%）

表3は、学校種別と障がい関係および司法・警察関係の機関の連携についてみたものです。これを見ると、全日制、定時制・通信制の学校において、2、3割の学校が障がい関係の機関と連携を取っており、一定数の障がいのある生徒が在籍していることがわかります。また、支援学校において、警察関係との連携が5割弱ありました。全日制、定時制・通信制よりは割合が少ないものの、半数近くの支援学校で非行等の問題が生じています。このように、学校の種別に関わりなく生徒の抱えている問題はさまざまです。生徒を支援していくうえで「○○の学校だから△△の支援だけ考えればいい」といった紋切り型の生徒支援では立ち行かないでしょう。どのような学校においても、多種多様な問題に応じた専門職や学校外の専門機関につなぐ専門職が必要です。

③SSWが関わる生徒の抱える問題

先ほども述べましたが、2018年度にSSWを活用している学校は、41校（28・5%）ありました。2017年度（34校）より7校増えており、生徒の抱える問題が多様化してきているなか、SSWの活用に対する需要が高まっているようです。

図2　SSW の活用目的

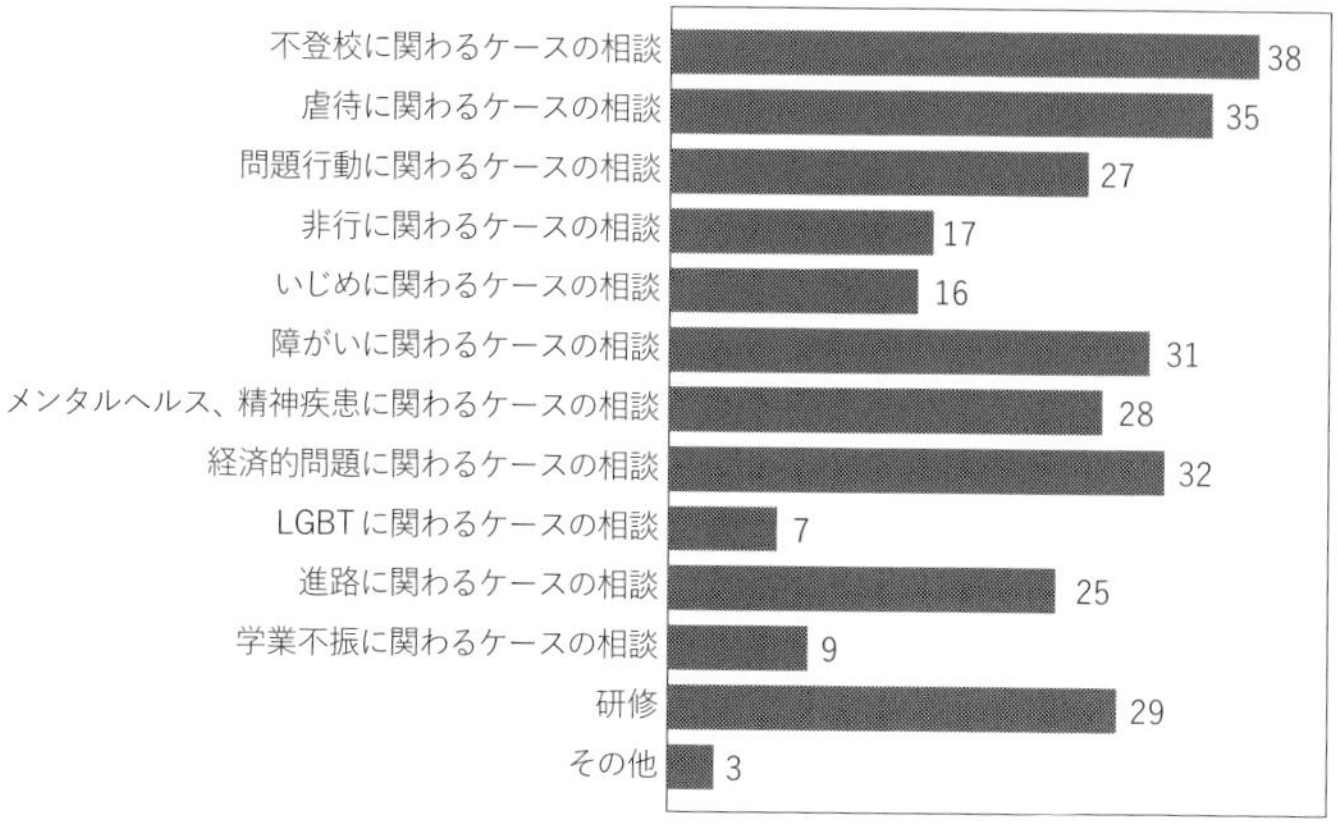

では、実際学校は、ＳＳＷをどのような相談で活用しているのでしょうか。それについては、図2に示すとおりです。

41校のうち、「不登校」に関わるケースの相談が9割以上、次に「虐待」「経済的問題」「障がい」と続いています。そして、それに続き、6割以上の学校で「メンタルヘルス」「問題行動」「進路」があがっており、ＳＳＷは多岐にわたるケースへの対応が求められています。障がいに関わるケースについては、32校中、支援学校は2校、支援学校以外の学校は30校でした。先ほども述べましたが、支援学校以外の学校においても障がいのある生徒が多く在籍していることがわかります。障がい福祉に関する制度はさまざまで、利用できるサービスは市町によって異なります。たとえば、ある生徒が使っているサービスを他市町に住む生徒が同じように利用できないなど、学校教職員だけでは把握、対応しきれないこともあり、そのため福祉の専門性を持ったSSWの必要性が高くなっていると思われます。

ここで、キャリア教育支援体制整備事業[注2・注3]（2014〜2016年度）のときを振り返ってみたいと思います。この事業では、週1回程度SSWが入っている拠点校2校と月1回程度のブロック拠点校4校がありました。拠点校では、2014年度は上位から「経済的問題」「不登校」「虐待」「障がい」となっており、ブロック拠点校では「進路」「虐待」「経済的問題」「不登校」の順になっていました。そして、2016年度では、拠点校は「メンタルヘルス」「不登校」「虐待」、ブロック拠点校では「虐待」「メンタルヘルス」「不登校」となりました。2014年度には、どちらの学校においても経済的問題が上位にありましたが、2014年4月より就学支援金制度が始まったこともあり、一時的に相談が少なくなったのかもしれません。一方、メンタルヘルスは2016年度で上位に上がっており、3年間のSSWの活用を通して、カウンセリングだけでなく生活環境への支援も必要なケースがあることが学校側にも理解され、SSWに相談が上がるようになったのでしょう。

また、SSWが主な相談内容に対してどういう社会資源とつながったか、についてみたものが、表4です。ここでは、主な相談内容に直接関連する社会資源以外の社会資源をあげています。たとえば「不登校」では、適応指導教室など以外の社会資源ということです。相談内容の背景には、さまざまな生活環境上の問題があり、それらが影響しあって、主な相談内容として表面化してくることがわかります。このときはSSWが配置されている高校も少なく、ケースも少なかったため、連

表4　SSWが問題解決のために連携を取った社会資源（n=41）

主な相談内容	直接相談内容に関連する社会資源以外の資源
不登校	児童養護施設、生活保護関係、要保護児童対策地域協議会、地域包括支援センター、地域活動支援センター、コミュニティソーシャルワーカー
虐待	生活保護関係、保健センター、男女共同参画センター、保護観察所、更生保護施設
経済的問題	障がい福祉関係、要保護児童対策地域協議会
障がい	病院、生活保護、要保護児童対策地域協議会
メンタルヘルス	生活保護、障がい福祉関係
問題行動	要保護児童対策地域協議会、病院、保健センター

携を取った社会資源も限定されたものだったかもしれません。現在、ＳＳＷを活用している学校も多くなり、ケース数も多くなっています。そのため、生徒の生活環境も多様になっているでしょう。もちろん、ケースによっては単独のものとして対応できる場合もありますが、他のさまざまな要因と複雑に絡みあっている場合も多く、生徒の生活環境をアセスメントし問題解決を考えるソーシャルワークの視点がますます重要になってくるでしょう。

④ＳＳＷの活用をめぐって

実際に、学校にＳＳＷが入って効果があったかどうかについては、９割以上の学校で効果があったとされました。その理由として「相談ケースが解決に向けて動き出した」「生徒支援に対する教職員の福祉的視点が深まった」「問題解決に活用できる社会資源を知ることができた」が８割以上の学校であげられていました。相談ケースに対する直接的な効果だけでなく、福祉的視点や知識が広がったという間接的な効果に対する評価も高くなっています。

効果がなかったという学校が2校ありましたが、どちらの学校も活用回数、時間が少なく、「SSWを活用するための校内生徒支援体制をうまく機能させることができなかった」をその理由としてあげていました。

SSWは、特効薬ではありません。回数も少なく1回あたりの時間も少ない場合、SSWを効率よく効果的に活用するためには、学校側が、活用の目的は何か、何を相談するのか、そのために何を準備しなければいけないのか、教職員とどう連携しどう動いてほしいのか、校内の調整役(コーディネーター)はどの役割の教員が担うのか、どのような体制の中でSSWを活用するのかなど、しっかりとしたビジョンと活用のための体制を整えることが必要です。SSWが常勤で毎日学校で活動ができる場合は、試行錯誤しながらいろいろ試す時間があるかもしれませんが、回数が少ないほど体制づくりを含めた事前の準備が重要になってきます。

4 まとめとして(必要な支援を届けられる体制を)

2018年度においては、SSWを活用している学校は41校(28・5%)でした。2019年度に向けての希望は89校で(図3)、前年度の2倍以上となりました。多くの学校にさまざまな問題を抱えた生徒たちが増えてきていることがうかがえます。そして、その対応にソーシャルワークの

図３　来年度のSSW活用の希望

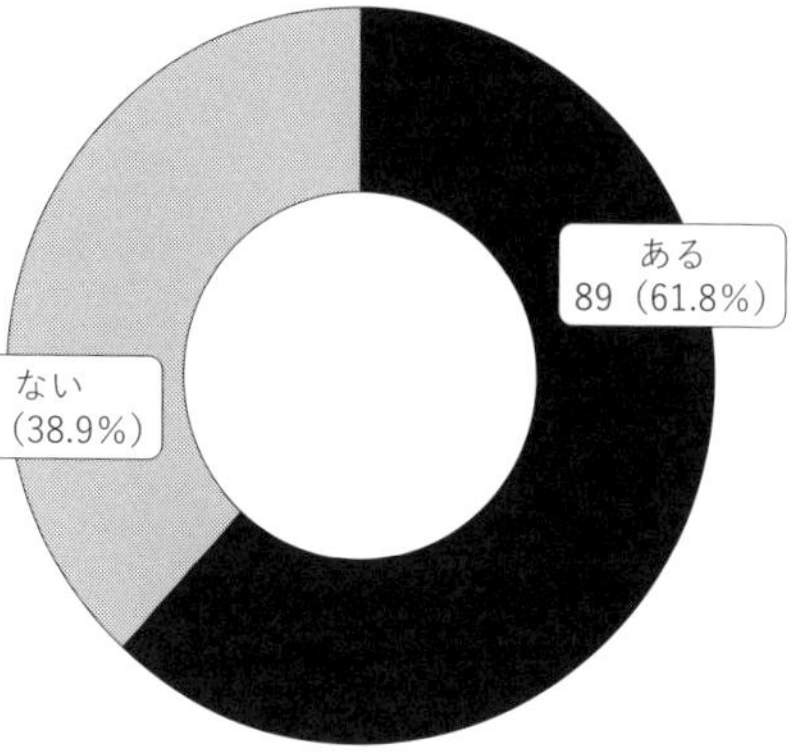

視点や社会福祉の知識、制度やサービスの情報等が必要、という学校側の認識も高くなってきたこともうかがわれます。ただ、このような認識が広がってきたとはいえ、２０１８年度でＳＳＷを活用している学校は全体の３割に届いていません。これは２０１８年度の全国平均[注8]（37・８%）より10%近く低いものです。府立高校では、不登校率（２０１８年度大阪府２・７%／全国平均１・６%）や中退率（同大阪府１・６%／全国平均１・４%）は高いままです。府もさまざまな生徒支援施策を講じているでしょうが、教職員だけで生徒の生活背景にある多様な問題を解決するのは困難です。生徒支援に対する視野を広げ、ＳＳＷ等の専門職を積極的に活用し、専門職との協働にもっと力を注げるよう府立学校を支援することで、生徒の問題を少しずつでも解決することができていくのではないでしょうか。

また、ＳＳＷを活用する際の課題については、「予算がない」（95校）が一番多く、次いで「回数や時間を増やすための予算がない」（85校）があがっていました。各学校がＳＳＷを活用したくても予算がなくできないことが明らかに示されています。３番目には「人材をどこで探せばいいかわからない」（72校）となっていました。これら3つの課題（予算と人材）についても、学校内の課題というより、予算を決める行政側の課題だといえるでしょう。

さまざまな問題を抱えて学校にくる生徒はこれからも増えることはあっても減ることはないでしょう。生徒たちは、学校を卒業したら、就職であっても進学であっても、やはり自立を見据えて将来を考えていかなければならず、そのため、生徒の抱える問題の解決を先送りにはできません。高校等は生徒を支援し、守り、育てていける最後の砦ではないでしょうか。生徒の支援をしていくためには、専門職との協働が不可欠です。教育行政として、継続的な制度化、予算の確保と人材の確保を早急に行ってもらうことを切に願います。

注

1　文部科学省「令和2年度学校基本調査」2020.12　令和2年度の高等学校進学率（通信含む）は98・8％となっています。

2　安原佳子・大阪府教育委員会教育振興室高等学校課「高校におけるスクールソーシャルワーカーの活動状況について（2014年度）」2015.3

3　安原佳子・大阪府教育庁教育振興室高等学校課「高校におけるスクールソーシャルワーカーの活動状況について（2016年度）」2017.3

4　「学び直し」をテーマに、生徒のやる気を引き出し、基礎学力、考える力、生き抜く力を育む目的で設置された府立高校。2021年現在、8校あります。

5　安原佳子・大阪府立人権教育研究会「高校・支援学校におけるスクールソーシャルワーカー等専門職との協働」2019.3
6　安原佳子「大阪府立学校で活動するＳＳＷの現状とニーズ（２０１８年度大阪府立学校のＳＳＷの活動に関する調査結果）」2019.8
7　大阪府では特別支援学校は「支援学校」の名称になっています。
8　文部科学省「平成30年度児童生徒の問題行動・不登校等生徒指導上の諸課題に関する調査結果について」2019.10　ＳＳＷ配置に関しては、令和元年度で38・４％と微増しています。

06

学校と夕刻を支える場をつなぐ

～スクールソーシャルワーカーの挑戦～

森本智美

もりもと・ともみ

1963年大阪生まれ。精神保健福祉士。小、中、高校でスクールソーシャルワーカーとして活動している。スクールソーシャルワーカーの活動を通して、学校が終わってからの時間帯に子どもたちが過ごす場所の必要性を痛感し、「子どもの夕刻を支える居場所」を立ち上げる。現在、NPO法人Sunny Side Standardの理事長も務めている。主な著作に『スクールソーシャルワーカー実務テキスト』（共著、学事出版）がある。

1 私と学校

私が学校で仕事することになった理由

私は現在、スクールソーシャルワーカーとして、日々学校の中で子どもや保護者、先生からいろいろな相談を受ける仕事をしています。それと同時にスクールソーシャルワーカーとして仕事をする地域で「子どもの夕刻を支える場」という子どもの居場所を運営するNPO法人の理事長をしています。最初に私がなぜ学校で相談を受ける仕事をすることになったのか、そのお話をしたいと思います。

私は小さな頃から引っ込み思案で新しい環境に慣れることがとても苦手でした。小学校に入学したときは友だちがいなくて、休み時間は一人ぼっちで過ごすことが多かったです。慣れてくると友だちもできるのですが、それには半年以上もかかり、それまで居場所がない思いをしていました。中学校も高校に入学したときも状況はいつも同じでした。

高校では特にそれがひどくて、学校に行きたくない気持ちが日に日に増していき、欠席もしました。そのときに持病の先天性股関節亜脱臼が悪化し、3か月間入院することになりました。私は3か月間入院してから学校に戻って進級する自信が全く持てず、いっそのこと今年休学してしまおう、来年もう一度やり直そう…と考えました。高校1年の5月の末頃のことでした。

それを担任の先生に伝えたところ、先生は「そんなことを考えないで、僕が3年間、担任を持つから一緒に頑張ろう」と言ってくださいました。私はまだ出会って間もない先生からのその言葉にとても勇気づけられました。そうか、先生が一緒にいてくれるんなら、一人じゃないなら頑張れるのかも…と思いました。そして先生は約束を守って私を3年間担任してくださいました。そのとき、学校で生活していく中で先生の存在の大切さと大きさを感じて、私は学校に対して初めて安心感を持ちました。この先生との出会いがきっかけで私は学校で仕事をすることを考え始めました。その先生の勧めもあり、病気や障害のある子どもの支援を学校でしたいと養護教諭（保健室の先生）になりました。

養護教諭としてのスタート

初めて養護教諭として中学校に勤務しましたが、生徒たちの様子には本当に驚くことばかりでした。「しんどい」「頭が痛い」「おなかが痛い」と朝から保健室に来るのですが話を聞くと「しんどい」のは体ではなく、こころなのでした。「夕べ、お父さんとお母さんが喧嘩して寝られなかった。今日家に帰ったらお母さんがいなくなっているかもしれない」「お父さんがお酒を飲んで暴れて、お母さんに暴力をふるった」。そんな話が生徒たちからどんどん出てくるのです。新任の私にはどんな言葉をかけていいのか全く分からない日々でした。児童虐待防止法（2000年）も配偶者暴力防止法（2001年）もまだない頃のことでした。

勉強しなければなにもできないと心理や福祉の勉強を始めました。家庭の事情で養護教諭をやめましたが、次に仕事をするときは子どもに関する相談職につきたいと考えていました。その中で、学校の中で子どもの課題（虐待や不登校、障がいなど）に先生たちと一緒に取り組めるスクールソーシャルワーカーという仕事に出会いました。

2 スクールソーシャルワーカーという仕事とは？

「スクールソーシャルワーカーとは子どもたちが学校生活を送るうえで生じてくる様々な問題とその背景にある環境とがどのように関係しているかを見極め（アセスメント）、実際に人と人、人と制度などをつなぎながら環境調整を行い、子どもの教育権保障と生活環境の改善をめざす」仕事です[注1]（金澤 2019）。実際には、学校で先生方とともに子どもの課題、たとえば不登校、暴力行為やいじめなどに対して、なぜこのようなことが起こっているのか、その背景を考えて、どうしたらこの課題が改善されるのかの具体的な方法をケース会議等で考えて、対応しています。私はスクールソーシャルワーカーとして、子どもの課題の改善に行政の制度や地域のインフォーマルな資源が必要であれば、それを調べて、子ども本人や保護者につなげることもしています。

スクールソーシャルワーカーはいろんな働き方の形があり、毎週1回程度一つの学校で活動する場合（配置型）や、普段は教育委員会などにいて学校から相談の依頼があったときに学校に出向いて活動する場合（派遣型）、普段は決まった学校にいるけれどその市町村の別の学校から相談依頼があればその学校にも行って活動する場合（巡回型）などがあります。私の場合は、毎日学校にいるのではなく週1回程度特定の学校にいて活動する場合（配置型）が多く、複数の市町村教育委員会と契約して仕事をしています。そのようなスクールソーシャルワーカーの活動の中から、三つの子どもの居場所に関わることになりました。そのお話をしようと思います。

3 スクールソーシャルワーカーとして関わった三つの「夕刻を支える場」

〈その1〉サニーサイドスタンダード（大阪府太子町・通称サニスタ）

つながりのきっかけ

スクールソーシャルワーカーとして活動して数年たった頃、小学校である不登校の子どもと出会いました。行政の関係者や学校の先生、主任児童委員と一緒にこの子どもの不登校についてどうしたらいいかを考えるケース会議を持ちました。みんなそれぞれの立場で家庭訪問をしていても状況はかわらない、どうしたらいいんだろう…と考える中で、今までと違うことをしてみようと夏休みに「お楽しみ会」と称して、子どもも保護者も一緒に調理実習をしてこの親子と違う方法でつながろうと考えました。

夏休みに4回、公民館を借りて調理実習をする中で、いろんなことが見えてきました。お母さんが料理や家事、そのほかにも苦手なことが多いこと、子どもはできることがたくさんあっても自信が持てていないこと、などでした。よかったことは、私たち関わった大人たちがこの親子と仲良くなり、いろんな話ができるようになったことです。この子どもが「なあ、これはもう終わり？もうしないの？」と最後の日につぶやきました。その言葉が関わった私たちの心に響き、「この取り組みを何らかの形で続けられないか」と考えました。

ここから、主任児童委員、役所の職員、スクールソーシャルワーカーの私が集まり、この「お楽しみ会」の成果や課題を話し合いながら、子どもたちのために地域で何かできないかと話し合いました。資金も何もない中ですが、とにかくやってみよう！と地域のお寺を貸していただき、みんな仕事が終わってからボランティアで集まり、子どもの「夕刻を支える場」の取り組みをはじめました。団体名は子どもたちが希望を持って生きていくという思いを込めて「Sunny Side Standard」と名付けました。

夕刻を支える場のはじまり

「夕刻を支える場」とは、「学校や放課後、児童クラブが終わってから夜にかけての時間や学校が休みの期間に、子どもたちが安心・安全に過ごせるような取り組みを行っている場の総称です」[注2]（金澤 2016）。子どもが「サニスタ」に通うことで、保護者の夕刻も安心できる時間になればという思いが込められています。

サニスタは、毎週1回、18時半から21時まで、①ちょっとだけ勉強する、②夕ご飯を一緒に食べる、③みんなで遊ぶことを中心に、子どもたちや場合によっては保護者と一緒に過ごしながら、子どもたちが大人に囲まれながら安心して遊んだり話したりできること、楽しく食事をすること、学習をする習慣を身につけること、地域の行事に参加して子どもたちを地域で育つようにすること、子どもたちがボランティアに参加するなどして自分たちが誰かの役に立つことを知ってもらうことを目指して活動をはじめました。

お金がなかったので最初は食事を出せませんでしたが、お寺さんがお供えのお菓子を提供してくださり、おやつとして子どもたちと一緒に食べました。そのうち、ボランティアで集まるスタッフは夕食としてコンビニなどのお弁当を買ってくることから、このお弁当代をひとり500円ずつスタッフが出し合うと子どもとスタッフの食事ができるんじゃないかと考えて、夕食を一緒につくって食べるようになりました。今は、企業などからの助成金で子どもたちの食費も、この場所の運営もできるようになっていますが、最初はいろんな工夫をしながら、試行錯誤で活動しました。

「サニスタ」と学校のつながり

この「サニスタ」のきっかけが学校での支援からはじまった不登校のケースだったことと、この団体の代表である私がスクールソーシャルワーカーであることから、学校の先生たちが「夕刻を支える場」のことを知ってくれています。そのために先生からも「サニスタ」を紹介したい子どもがいると伝えていただくようになりました。私も、スクールソーシャルワーカーとして学校から地域へと活動を広げていくきっかけとなり、地域の人々とともに子どもの育ちをどう支えていくか、地域で子どもを育てていくことの必要性を考えるようになりました。この活動をしている場所がお寺だということから住民の信頼も得やすく、ご近所の方々も野菜を寄付してくれたり、ボランティアで食事づくりをしてくれるようになりました。任意のボランティア団体としてスタートしましたが、現在はＮＰＯ法人になり、行政とも連携しながら子どもの育ちを支える「夕刻を支える場」としての活動を行っています。

〈その２〉はびきのチルドレンズサポートネットワーク（大阪府羽曳野市・通称ちるさぽ）生活保護ケースワーカーとの出会い

ちょうど私が「サニスタ」の活動を始めた頃、全国的にも「子ども食堂」や「無料の学習支援」が子どもの貧困対策と結びついて広がってきていました。大人たちが子どもの貧困やそこからくる課題に目を向け始めたのです。

私は大阪の南河内と呼ばれる地域の一つ、羽曳野市でスクールソーシャルワーカーとして仕事をしていますが、ある小学校で子どもの課題についてのケース会議がありました。その会議に参加していた生活保護ケースワーカーのＡさんが、「学校で見える子どもの課題」に関心を持ってくださいました。それがきっかけで、スクールソーシャルワーカーである私と一緒に子どもの貧困や課題について話をするようになりました。その後、Aさんが福祉総務というコミュニティソーシャルワーカーを担当する部署に異動したことで、コミュニティソーシャルワーカーをはじめとする福祉部局と学校の連携が、少しずつ増えていきました。

羽曳野市にも「夕刻を支える場」を

また、Aさんは、SSW－NETというスクールソーシャルワーカー同士がつながりあう団体の企画に参加してくださり、そのときにヴィジュアルノベル『仁の物語』・『智の物語』[注3]に出会い、子どもの「夕刻を支える場」を地域でつくりたい、と考えてくれました。行政や社会福祉協議会の有志の方々、地域の主任児童委員、市民活動団体の方々が集まり、仕事が終わってから何度も話し合い、「はびきのチルドレンズサポートネットワーク」が誕生しました。スクールソーシャルワーカーとしては「ちるさぽ」の立ち上げの話を聞きながら、「子どもの夕刻を支える場」ができたら、つなげたいと考えていたケースがありました。

SSW-NET 企画

そのケースは私が学校でスクールソーシャルワーカーとして関わったケースで、コミュニティソーシャルワーカーに一緒に家族支援に関わってもらっていた、多くの福祉支援を必要としている家庭でした。私が「ちるさぽ」のことを学校の教職員に伝え、校長や生徒指導の先生や担任、コミュニティソーシャルワーカーたちとこの家庭の子どもたちに「ちるさぽ」を紹介する方法を話し合い、この家族に関わるコミュニティソーシャルワーカーが子どもたちを「ちるさぽ」に連れて行ってくれました。

先に述べた「サニスタ」では、私は自らがNPO法人を立ち上げましたが、この「ちるさぽ」では、スクールソーシャルワーカーとして学校から相談のあったケースをつなげる役目として、この「夕刻を支える場」に関わることになりました。それ以降は羽曳野市の他のスクールソーシャルワーカーも「ちるさぽ」のことを学校に紹介し、地域の資源として子どもの支援に活用しています。

〈その3〉松高きっちん（大阪府立松原高校）
多様な学びのスタイル

大阪府立松原高校は、全日制総合学科として生徒たちが自分が学びたいことを授業で選択して学べる学校です。進路に関する学習が充実していること、自ら考えて発表する取り組みが重視されていることが特徴の学校です。3年間の授業の約半数が選択授業であり、国際理解や地域福祉などの5系列のもと、「地球市民入門」「子どもと絵本」「カウンセリング講座」「児童文化研究」「看護講座」など160もの選択授業があります。

こうした選択科目の入り口に位置づくのが1年次の必修授業「産業社会と人間」です。この授業は「一人ひとりの生徒が自分の身の回りで起きていることや自分と社会との関係を見つめなおして自分と社会との関係を築くための方法を体験によって学ぶ場です。生徒たちは、社会体験、サマーワーク、リサーチ・デーなどを通して、社会を『見つめ』、疑問や問題に気付く学びをしていきます。そして、コンペティション（発表大会）の取り組みを通して疑問や問題を抱き、社会に対して『向きあい』、社会を変えるために、高校生である自分たちがどんなアイデアや企画を提案できるのか、仲間と一緒にチャレンジします。高校生にできる何かがきっとある、仲間たちとともに悩み、考えて計画をつくり実行に移す、その一歩を踏み出す授業です」[注4]。私はこの松原高校で２０１２年から２０２１年3月までの9年間月2回、スクールソーシャルワーカーとして活動していました。その在任期間中に「産業社会と人間」の中から、松原高校の中での子どもの居場所「松高きっちん」が誕生しました。

生活保護制度を正しく理解する

ある日、「産業社会と人間」の授業を担当しているB先生より相談を受けました。「授業で生活保護について考えているグループがいる。そのグループでは生活保護は自己責任かどうかということを考えている。それを検討していく中で生活保護のことをもっとよく知りたいと意見が出ているが、生徒に生活保護について説明してもらえないか」ということでした。私は確かに福祉の専門家ですが、生活保護のことが詳しいかとなると全く自信がありませんでした。そこでわからないならよく知っている人に話をしてもらったほうがいいと考えて、前出の羽曳野市の「ちるさぽ」を立ち上げたケースワーカーのAさんをB先生に紹介し、生徒たちに話をしてもらいました。生徒たちは自分たちが知りたいと考えていたことを質問し、また「ちるさぽ」にも見学に行き、自分たちの考えをまとめていきました。

生徒たちは、その授業のコンペティションで「生活保護は誰もが受ける権利があるものであること、生活保護を受けている人たちの多くはそこから自立したいと考えていること」を語り、「だれもが自信を持って生きていける社会を実現しなければならない、それには孤独にならず、つながりをつくり続けることが大事であること」を訴えました。そして「ちるさぽ」にも見学に行ったことも伝えて、そこから考えたこととして、自分たちで学校の中に「松高の生徒たちの居場所をつくりたい」と発表しました。これが「松高きっちん」となりました。

学校内の「夕刻を支える場」

「松高きっちん」は、言わば松原高校の生徒のための「子ども食堂」です。「産業社会と人間」で松原高校に生徒たちの居場所をつくりたいと発表した生徒たちと、それに賛同した生徒たちが中心となり、NPOのスタッフの協力を得て毎月1回、学校の家庭科室で16時から一緒に夕食をつくり、18時頃から夕ご飯を食べ、後片付けをする取り組みです。食事のメニューや買い出しも生徒たちが主体となり考えて行っています。先生やスクールソーシャルワーカーである私もそこに参加してほしい生徒を紹介しますが、中心で運営している生徒たちも、クラスやクラブ、いろんな場面から参加してほしい生徒たちを検討して誘ってきます。「一人ぼっちにならない、つながりをつくるために」さまざまな困難を抱える生徒たちが参加できるようにと運営している生徒たちが考えて実践しています。場合によっては、その生徒のちいさなきょうだいたちも連れて参加し、いろんな年齢の子どもたちの居場所となっています。みんなで「いただきます！」をして、にぎやかにわいわいと楽しく食事をしています。

松原高校には、多くの取り組みの場があり、ピアサポートなどの生徒同士のつながりの場や「産業社会と人間」や「課題研究」などの授業の中で先生と生徒のつながりの場がいくつかありました。ただ、家庭の支援を含めた食事の支援はないから必要かもしれない、と私も「松高きっちん」について生徒たちの提案を聞いて考えました。そして、先生方もこの子どもたちの「思い」に共感し、応えるべく、協力してくださるNPO法人を探し、「松高きっちん」を現実にしていきました。そこにうまく大阪府教育委員会の取り組みとして高校にNPO法人などが入って生徒の相談の場所をつくることがはじまり、その取り組みが松原高校では「食事をする居場所」となりました。

支え、支えられ

「松高きっちん」は生徒たちが授業の中で自分たちが疑問に思ったことを調べ、いろんな意見を出して話し合った結論を実行に結び付けたものでした。生徒たちが生み出した活動に、福祉の専門家として少しでも関われたことを私はとてもうれしく思います。生徒の授業から出た悩みに一緒に何らかの方法を提案して考えることができたことは、いつものスクールソーシャルワーカーの活動とは別の新しい学校での活動のしかたとなりました。

その後、松原高校を卒業した「松高きっちん」の運営担当をしていた生徒が、前出の太子町の「サニスタ」に、ボランティアに来てくれています。

4 三つの子どもの居場所に関わって思うこと

こんなふうに「ちるさぽ」の関係者が「松高きっちん」を作り出すきっかけになったり、「松高きっちん」の卒業生が「サニスタ」にボランティアに来てくれたりと、たくさんのつながりが支援者の中にも生まれていきました。

このようなつながりのきっかけがつくれるのは、ソーシャルワーカーという仕事の特徴なのかもしれないと思います。相談のあったケースについて、必要な資源を探したり、教えてもらったり、実際にその場に行ってみたりしながら、たくさんの人に出会い、その出会いがまた次の出会いにつながっていくからです。紹介した3つの「夕刻を支える場」は、「社会で子どもを育てていくことの必要性」や「一人ぼっちにならず、つながりをつくる必要性」を共有できた人たちとの出会いがあって誕生した居場所です。

そしてこの三つの居場所の共通点は、すべて「学校から見えた子どもの姿からはじまった」ということです。「学校」という場所には、「特別さ」があります。それは、一つには「義務教育ならば子どもは必ず学校に所属するため（高校生は別になりますが…それでも9割以上は高校に進学します）、子どもの全数把握ができる」ということ、二つ目に、「子どもの生活の場の中心が学校であることから、学校という場で出会う大人と子ども、そして保護者とのかかわりは強くなりやすいこと」があります。これらの点を考えると、学校という場から見える子どもの姿はとてもリアルであり、子どもの課題もよりリアルに感じ取れます。三つの居場所の活動にかかわった、学校に勤務する人たちと、学校以外の場で活動している人たちは、それぞれに、学校の中から見える子どもの課題になにかを感じて動き出したように感じるのです。

一方、学校という場は、学校外部の関係機関の人たちにとっては、なかなかアクセスしづらい組織でもあります。子どもたちが抱える課題解決のために、学校に関わりたいと考えている人たちはとても多いのですが、学校とどのようにしたら関係が持てるのか、それがわからないという声をよく聞きます。そのため、私はスクールソーシャルワーカーとして、学校とつながりたいと考えている人たちとの出会いを求めて、学校の中から手をつなぐことを続けていきたいと思います。

5●●●社会で子どもを育てる仕組みをつくりたい

子どもが選べる選択肢を増やす

私が小さな頃は近所の人たちが子どもたちの面倒を見てくれました。母が用事で出かけなければならず、学校から帰るまでに母の帰宅が間に合わないときには、お隣のおばさん家で、宿題をして、おやつを食べさせてもらって、母が帰ってくるのを待っていました。しかし今はそうではありません。大阪市西区であった幼児虐待死事件（幼いきょうだいがマンションの一室に置き去りにされて亡くなってしまった事件）のように、地域差はあるのでしょうが、お隣に誰が住んでいるのかも知らない社会になっています。

いま、「社会で子育て」をスローガンで終わらせないためには、地域に「お隣のおばさん家」のような場を、あちこちに意図的につくっていく必要が生じていると思います。私が子どもの「居場所」をつくったのもその思いが強くあったからです。

近年、無料の学習支援や、誰もが利用できる子ども食堂が増えました。以前からある「児童館」なども子どもの居場所として活動しています。一方、私がここで紹介した三つの居場所は、個々の子どもの課題に寄り添いながら、スタッフと子どもが、一緒に過ごして生活支援を行う場所です。そのため、対象者を限定しています。

地域の中に、いろんな種類の活動場所があるといいと私は思います。子どもが行きたい場所を自分で選ぶことができることが大切だからです。そして、このような活動団体同士もネットワークをつくり、子どもがそれぞれの場所を、必要に応じて利用できるような仕組みとして広がることを願っています。たとえば、子ども食堂に来ている子どもが勉強をしたくなったら、無料の学習支援を紹介してつなげていくことができれば、子どもの支援が広がるように思います。子どもの居場所のNPO法人の理事長の私としては、このような子どもの支援の居場所の「つながり」づくりをしていきたいと考えています。

学校で、多様な大人に出会う

また、スクールソーシャルワーカーとしては、学校の中にも子どもが安心して過ごせる多様な居場所ができたらいいと考えています。たとえば、教室で過ごすことがしんどくなったら休憩できる場所、休み時間に友だちと過ごすことが苦手な子が静かに過ごせる場所、安心して大人と話ができる場所、好きな音楽を聴いて過ごせる場所、家では保護者が忙しくてしてもらえない体操服の洗濯や上靴洗いを一緒にしてくれる場所などです。その場所には、地域のボランティアさんや大学生などの大人が常にいて、子どもたちが安心できる大人と出会えることが大切だと思います。先生方もそこに来ることができて休憩が取れる場所であれば理想的かもしれません。とにかく「学校に来たら楽しい！ さびしくない！」と子どもたちが思えるような場所を、学校の中にもつくりたいという夢を持っています。

同時に、子どものために何かしたいと考えている地域の大人たちが、学校の中でも子どもたちを支えることができたら、地域の中での子どもの見守りにもつながり、社会が子どもを育てていくことにもつながります。どうしたらこれが実現できるのか、今はまだ具体的なことはわかりませんが、それを多くの人との出会いの中から考えていけたらと思っています。

注
1　金澤ますみ（2019）「学校とソーシャルワーク」『新版スクールソーシャルワーカー実践テキスト』学事出版、8頁
2　金澤ますみ（2016）「学校から『夕刻を支える場』へ」『月刊生徒指導　2016年2月号』学事出版、56～57頁
3　『仁の物語』・『智の物語』は、生活保護受給している母子家庭で育ち、不登校になっていたり、いじめを受けて悩んでいる兄弟が「夕刻を支える場」での大人との出会いや、学校の中での大人との出会いから、目標を見つけて生きてく姿を文章と音楽と映像で描く物語。
NPO法人山科醍醐こどものひろば（2012）『ヴィジュアルノベル　貧困を背負って生きる子どもたち　仁の物語』
前編：https://youtu.be/lWImZN7t9JQ　後編：https://youtu.be/-_lv9uY28yA
幸重社会福祉士事務所（2015）『ヴィジュアルノベル　貧困を背負って生きる子どもたち　智の物語』
前編：https://youtu.be/1NzQrVNjm0s　後編：https://youtu.be/xnq0OFVdv6M
4　大阪府立松原高校ホームページ　http://www.osaka-matsubara.ed.jp/sangyou.html

07

子ども自身が選択できる学びの場を広げる

～音楽と出会った子どもたち～

水流添 綾

つるぞえ・あや

1969年兵庫県伊丹市生まれ。一般社団法人こもれび代表理事。社会福祉士、精神保健福祉士。スクールソーシャルワーカーの活動経験の中で、地域を基盤に子どもの生きづらさに向き合う必要があると感じ、法人を設立。多角的な視点で子どもへアプローチをするためにさまざまな事業を展開。独自事業として、ケア付き子ども食堂や音楽活動を通して、子どもの心と体の居場所づくりや家庭支援をソーシャルワークの視点で行っている。

1 私と学校

小学校の思い出

私は、子どもに関わる仕事をしているため、自分の子ども時代はどうだったのかなと、振り返ることが時々あります。小学校3年生までは、月曜日の朝が嫌いで、学校に行くことがおっくうで仕方がありませんでした。行き渋り、両親を困らせたこともありました。いま振り返っても、何が原因だったのかは記憶に残っていないのですが、その頃に〝たのしい〟と感じた体験を明確に思い出すことができません。実際、3年生の終わりに転校することが決まったときも、後ろ髪がひかれることはありませんでした。ただ、新しい学校への不安は高く、ドキドキして泣きそうな気持ちで4年生のスタートを迎えたことを覚えています。迎え入れてくれたのは、大らかで明るく、一瞬で大船に乗った気分にさせてくれた担任でした。新しいクラスメイトの前で「泣き虫だけど、仲良くしてくださいい！」と一生懸命に伝えたことは、いまでも鮮明に覚えています。小学校を卒業する頃、友だちに「全然泣き虫じゃなかったね」と言われたように、小学校後半の3年間は、自分でも性格の変化を感じるぐらい、はつらつとした学校生活を送ることができました。〝たのしい〟と感じたエピソードや先生との出会いがあふれるように思い出されます。

三人の先生との出会い

一人目は、5～6年生時の担任T先生です。経験豊富で迫力のある担任のことを当時、「鬼ばば」呼ばわりをしていました。担任が決まったときにどれだけ〝恐ろしさ〟を感じたことでしょう。ところが、実際に2年間を過ごしてみると、ただ恐いだけの先生ではなくなっていました。たとえば、クラスには障がいのある男の子がいましたが、障がいがあっても〝ここは我慢をしなくてはならない〟という場面では、T先生は他の子どもと同じように厳しく指導を行い、また障がいがあっても、みんなと同じ〝たのしい体験〟をするにはどうしたらいいかを、私たちクラスメイトが主体的に考える機会を与えてくれていました。子どもの状態を見極めながら、〝強さと愛情〟を私たち子どもにわかりやすく伝えてくださっていました。

二人目は、部活動の顧問をしていたS先生です。この学校は、4年生から入部できる放課後を中心とした部活動が盛んでした。私はミニバスケットボールに誘ってもらい、卒業までの3年間は、授業前、授業後、休日の大半をこのミニバスケットボールの活動に費やしました。常に本気で行う練習は厳しいものではありましたが、厳しい練習の中に〝たのしさ〟を感じられたのは、顧問の指導方針にあったのかもしれません。それは、当時の学校という場ではスタンダードではない〝斬新でワクワクする〟ものでした。

たとえば、ウォーミングアップ時には、スウェーデンのポップグループＡＢＢＡの曲を流し、その音楽に合わせて体を動かすという方法を取り入れていました。聞いたこともない洋楽のリズムは、大人を思わせるカッコ良さを感じ、厳しい練習がたのしいものになっていました。

そして三人目は、保健室を担当する養護教諭K先生です。K先生は、用もなく保健室へ出入りすることを禁じていましたが、子どもの異変を感じたり、気になったりしたときにはしっかりと受け入れてくれる温もりのある先生でした。困っているとき、気持ちがしんどいときに〝逃げ込める場所〟があることは、学校生活を送るうえでのお守りのような安心できる存在でした。いま思えば、小学校時代に出会った、この三人の先生の存在が、小学校時代をたのしい思い出に導いていることや、いまの私の活動の原点にもなっていることは間違いなさそうです。

2 「一般社団法人 こもれび」設立への思い

現在、私は大阪市西区の堀江という街で、一般社団法人こもれびという法人を立ち上げ代表理事という立場で活動をしています。0歳から100歳以上、年齢を問わず、生活を営むうえでの困りごと、相談ごとに対して福祉の専門職としてかかわるという活動です。その中でも、〝子ども支援〟を主軸に、いくつかの事業を展開しています。ある児童虐待事件をきっかけに法人設立を決意しました。

西区には〝堀江〟というブランディングされた街があります。大阪市の中心に位置し、かつては商売人の街として繁栄した歴史や材木業が中心となった時代を超え、現在はカフェや雑貨店が集まるオシャレな若者の街へと変化してきています。そんな堀江の街で、２０１０年に3歳と1歳の姉弟が1か月以上もの間、マンションに放置され、餓死するという衝撃的な事件が起こり、ひとり親である母が逮捕されました。私は、この街の住人です。当時、事件があったマンションのそばで、私も子育てをしながら、スクールソーシャルワーカー（以下、ＳＳＷ）という職種で、学校を軸に子どもや家庭支援を行っていました。

ＳＳＷとして、児童虐待の未然防止にも力を注いでいた最中に起きた事件であり、私が暮らす街で起きた事件であるということが、私にとって大きな契機となりました。私は、「二度と同じことが繰り返されることがないように、何かを始めなければならない！」そう強く思いはじめました。

しかし、思うことはできても、実際に行動に移すには時間を要しました。やりたいことは浮かびますが簡単に始めることもできません。「制度や資源がなくて、困っている人を見つけて、相談にのりたい」そして「つながりたい」。また、食べるという行為は命の根源につながることだから「子どもたちと美味しいご飯を一緒に食べる活動がしたい」。とにかく「ひとりぼっちを感じることがないようにしたい」など。では、どうやってそれらをカタチにしていくのか。困っている人を見つけるにはどうしたらいいのか。活動をするための人件費や賃料、経費はどこから捻出するのかなど、課題は山積みです。あっという間に時は経過していきました。このままでは何もはじまらないということだけが明確になったとき、「とりあえず動き出そう！」と当時、高齢や障がいの分野で同じく福祉の専門職として活動していた夫と二人で、ようやく法人を立ち上げることができました。

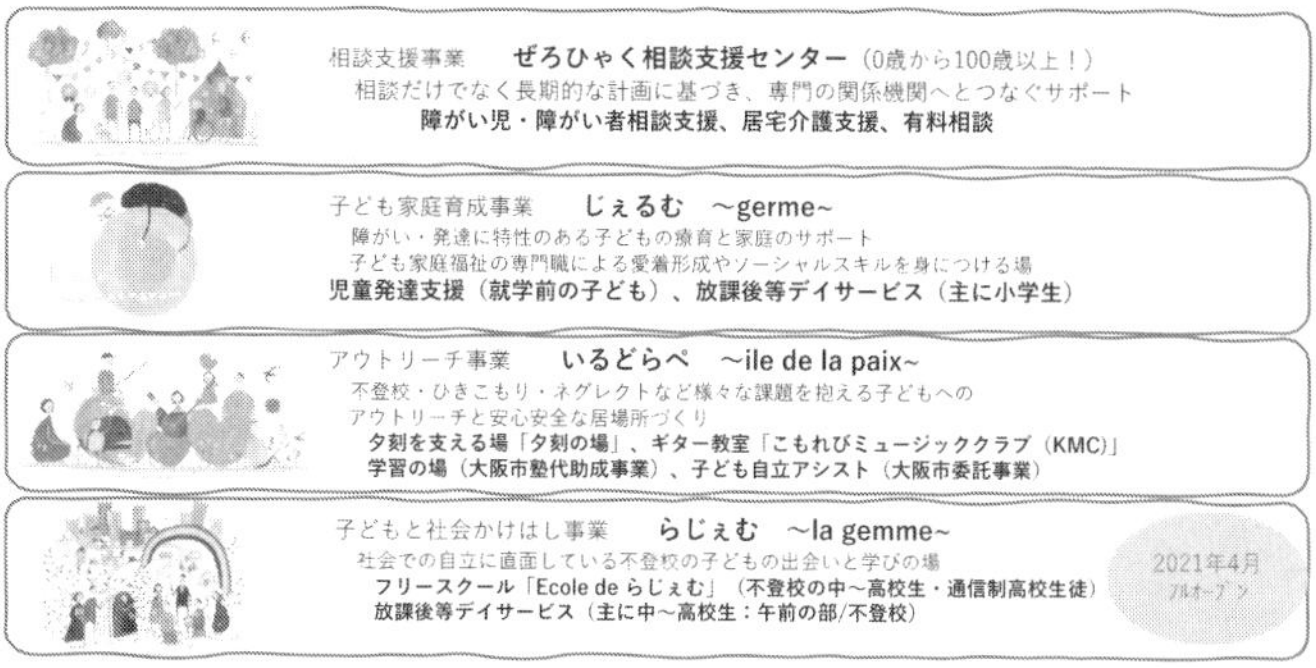

相談支援事業　ぜろひゃく相談支援センター（0歳から100歳以上！）
相談だけでなく長期的な計画に基づき、専門の関係機関へとつなぐサポート
障がい児・障がい者相談支援、居宅介護支援、有料相談
子ども家庭育成事業　じぇるむ　~germe~
障がい・発達に特性のある子どもの療育と家庭のサポート
子ども家庭福祉の専門職による愛着形成やソーシャルスキルを身につける場
児童発達支援（就学前の子ども）、放課後等デイサービス（主に小学生）
アウトリーチ事業　いるどらぺ　~ile de la paix~
不登校・ひきこもり・ネグレクトなど様々な課題を抱える子どもへの
アウトリーチと安心安全な居場所づくり
夕刻を支える場「夕刻の場」、ギター教室「こもれびミュージッククラブ（KMC）」
学習の場（大阪市塾代助成事業）、子ども自立アシスト（大阪市委託事業）
子どもと社会かけはし事業　らじぇむ　~la gemme~
社会での自立に直面している不登校の子どもの出会いと学びの場
フリースクール「Ecole de らじぇむ」（不登校の中～高校生・通信制高校生徒）
放課後等デイサービス（主に中～高校生：午前の部/不登校）
2021年4月

こもれび事業紹介

２０１３年12月、一般社団法人こもれび（以下、こもれび）の誕生です。あの事件から３年が経過していました。

こもれびは、現在４つの部門を主軸とした子ども支援事業をさまざまな角度から展開しています。中心となるスタッフは、私と同じ社会福祉士や精神保健福祉士など福祉専門職をはじめ、心理、教育、保育などの専門職スタッフです。どの事業においても、前述の事件から学んだことを理念に掲げ、社会的ミッションとして丁寧に活動を紡ぐことをスタッフと何度も共有しています。

3●●●「夕刻を支える場」のはじまり

不登校支援について

私がこもれびの活動を始める以前、ＳＳＷとしての活動では、学校という場で起こるさまざまな課題に携わってきました。学校の外からは見えない、学校の中で起こる課題に多く出会いました。また、学校の中からは見えない課題

があり、しかし放置するわけにはいかない課題があることも実践の中から学んできました。さまざまな課題の中で、全国的にも大きな課題の一つに「不登校」があります。私自身がこの課題に関心を寄せるようになったのは、不登校の背景にさまざまな問題があり、また絡み合うことで、子ども自身ではどうすることもできない状況があることを実際の対応事例を通して実感したからです。

不登校という状態の背景にある児童虐待、いじめ、貧困の問題や発達課題に対して、家庭環境や学校環境への働きかけを行わず、それらを放置しておくと、大切な子ども期に蓄えるべき力を身につける機会を逸してしまい、その結果、社会に出たときに不利益を負うことになるかもしれないという危機感を感じはじめたからです。少子高齢化社会と言われるこの国にとって、子どもたちがいかに社会人として、一人の大人として生きていくことができるかは、とても大切なテーマであると考えています。

おなかとココロを満たす活動

法人設立から2年が経つ頃、収益性のある事業が軌道に乗り出したことで、ようやく私がやりたかったことを始めるときがきました。２０１５年12月『夕刻の場いるどらぺ（ile de la paix）』という子どもの「おなかとココロを満たす」活動の開始です。

月2回、平日の夜に開催する『夕刻の場いるどらぺ』は、いわゆる「誰でも来ていいよ」という子ども食堂ではなく、家庭や本人の事情により、安心できる人とのつながりや居場所が不足している小学生から高校生までの子どもたちを対象にしています。ここでは、安心安全な食材による手作りの夕ご飯をバディと呼ぶ大人と一緒に食べたり、ここで出会った仲間とたのしいと思える時間を過ごしたりします。こもれびの理念である〝ひとりぼっちをつくらない〟ために、子どもと同数以上の大人が集まり、安心できる居場所づくりを行っています。

子どもの貧困対策としての重要な位置づけにもなっている子ども食堂は、近年増加しています。ただ、コンセプトにはそれぞれ違いがあり、『夕刻の場いるどらぺ』と同じコンセプトで行っているところは、そう多くはないようです。

チャリティイベント『夕刻を支える場の可能性』の案内チラシ

ただいま　　夕刻

活動を支える資金

２０１５年11月、『夕刻を支える場の可能性』というタイトルのチャリティイベントに参画しました。福祉や医療分野の専門職が中心となり、子どもたちの夕刻の時間の居場所や食事、学習支援、そして「子どもの成長段階に必要なさまざまな当たり前の体験」の機会を提供することを目的として活動する5つの団体の活動報告会を、音楽と共に伝えるというイベントです。ＳＳＷでもあり、大学教員でもある金澤ますみさんの呼びかけで集まった5つの団体が、手作りで企画から行ったイベントです。当日は、この企画のため作られた楽曲（『ただいま』『夕刻』）も披露されました。

こもれびはこの時点では、まだ『夕刻の場いるどらぺ』を始めることはできていませんでした。それは、子どもたちに無料で食事や居場所を提供するための資金がまだ保証できていなかったからです。法人の運営が黒字化していないこの段階で、〝やりたいからやる〞ということはできませんでした。何かを始めると、そこには責任が生じます。資金がなくなったから途中でやめるということはできないのです。

ところが、イベントの直前に、当時ＳＳＷとしても活動していたスタッフが研修講師に出向いた先で、活動内容に共感してくださり、1年分の食材費に相当する助成金を出してくださるというお話を持ち帰ってきました。なんとうれしいことでしょう。これがきっかけとなり、活動に弾みがつき、イベントの翌月、子どもたちを受け入れた第1回『夕刻の場いるどらぺ』を開催することができました。

4 ●●● 活動の開始、情報を届けにいく

Gちゃんとの出会い

いざ、開催することが決定したものの、〝誰を呼ぶのか〟という次の課題が出てきました。〝誰でも来ていいよ〟という場ではないため、広く案内をすることが難しいと感じました。「これびでご飯を食べている子はしんどい子」とレッテルを貼られたらどうしようという心配がありました。区役所内にある子育てを担当する窓口に案内に出向き、説明をするものの、当時は民間の団体が行う活動に対して、やや訝《いぶか》しさを感じている様子でチラシは受け取ってもらうものの、気持ちを受け取ってはもらえていないと感じ、肩を落として帰ったことを覚えています。

第１回『夕刻の場いるどらぺ』はカレーづくりからはじまりました

そこで、まずは現在すでに支援者としてつながりのある家庭の二人の子どもを誘うことにしました。無料で夕ご飯を食べることができて、さらには居場所の機能もあり、心身の調子を崩しやすいお母さんにとっては、ほっとする時間です。こうして、二人の子どもと夕刻の時間を一緒に過ごす活動がスタートしました。

ちょうど同じ時期、私が担当する家庭に学校を休みがちになって

いる小学生の女の子がいました。家庭を訪問し、お母さんとの面談が終わる頃、毎回少しだけ話題にあがる女の子Gちゃんは、だんだん自分の部屋から出てくる回数も減ってきていると聞き、「近々、夕食と居場所を提供する活動を始めるから来てもらえないかな」と私のほうから声をかけることにしました。小学生の女の子が一人で、夕方に知らない人が集まる場所で夕食を一緒に食べて、遊んで帰るということは、とても勇気がいることです。ただ、お母さんもこのままでは良くないと考え、本人を説得して行かせたいと前向きに検討をしてくれました。もちろんGちゃんは、自分が行きたいと思っているわけではありません。

現在、『夕刻の場いるどらぺ』に通い続けている子どものほとんどが、初めは「来たくて来たんじゃないよ」と、不安をいっぱい抱えたまま来ていました。そうした子どもたちは、うつむき加減で、口を開かず、殻に閉じこもったまま時間を過ごすか、あるいは不安を怒りに変えて暴言や暴力で示すなど、私たちが思い描く和やかな時間とはかけ離れたものでした。

フードを脱いだGちゃん

Gちゃんも、殻に閉じこもったまま時間を過ごすところからのスタートでした。フードのついた上着ですっぽりと自分を包み込み、何を聞いても「知らん、わからん」としか返ってきません。それでも、ご飯を食べて、送迎の時間までは年下の子どもの遊び相手になってくれていました。お母さんの押し出しもあったのか、月2回のこの活動をGちゃんは休むことはありませんでした。

私たちスタッフは、Gちゃんの様子をお母さんとそのつど確認し合いながら、できる限り、安心できる場の提供に努めました。上下関係を感じさせない関わり方や肯定的な声掛け、家庭と学校の話題はしないなどGちゃんへの関わり方をスタッフ間で共有します。このことはGちゃんに限らず、参加する子どもそれぞれに行いました。また私たち大人が心からたのしいと思える場づくりも心掛けていきました。しばらくすると、Gちゃんは覆い被していたフードをとり、自分の好きな音楽の話をするようになり、一緒に過ごす仲間と笑顔で遊ぶようになっていました。

初めての参加から3か月が経った小学校の卒業式の当日、この日ばかりはお休みするだろうと予測していた私たちを良い意味で裏切り、式典後遊んでいた友だちに「今日は夕刻があるから帰るわ」と別れを告げてきたと、いつもと変わりのない調子でやって来ました。ここがGちゃんの当たり前の居場所になっていることを実感した瞬間です。

5 ホンモノの音楽に出会う

いま、大切にしたい時間

中学生になったGちゃんは、たまに学校にいくものの、いわゆる不登校になっていきました。家の中で過ごす時間が長くなり、学校に通学している他の子どもが当たり前に積み重ねていく学習や体験が不足していくことが私たちの気がかりになっていきました。Gちゃん以外にも『夕刻の場いるどらぺ』には不登校の子どもが数人います。何かを始めなければという思いがスタッフの中からも湧き上がってきます。そこで、寺子屋のように、楽な気持ちで参加できる塾を始めましたが、なかなか勉強に向き合うには時間がかかります。コミュニケーションを重ねながら、子どもの気持ちを引き出そうとしますが、なかなか学習には至りません。子ども期の貴重な時間をやりたくない学習の時間に費やすのではなく、もっとこの子たちがやりたいと思える活動を見つけたり、まだ発覚していない力を見つけることのほうが有効なのかもしれないということを考えるようになりました。

その頃、『夕刻を支える場の可能性』というタイトルで開催したイベントに社会貢献として出演していたプロのギタリスト、古川忠義さんより、さまざまな機会を逸している子どもたちがホンモノの音楽に触れる機会を創ることはできないかと、うれしいご提案をいただきました。早速、実現するための打ち合わせを行い、まずは子どもたちがホンモノの音楽に触れる体験の場として、『こもれび音楽祭』を開催しようということになりました。2016年12月のことです。地域の会館をお借りした手作りの音楽祭。1年前のチャリティイベントの出演者に金澤ますみさんが声をかけてくださり、プロのアーティストやそのお弟子さんがたくさん出演してくださいました。こもれびのスタッフでもある菅野幸里さんも、『夕刻を支える場』のオリジナルテーマソングである『夕刻』を弾き語りました。子どもたちはギターを中心とした音楽を間近でみて、聴いて、感じ、最後には実際に触れる体験をすることで、音楽のたのしさをダイレクトに感じたようです。この音楽祭が起源となり、こもれびの音楽活動はこの後、徐々に広がっていきました。

音楽を奏でる「たのしさ」に出会う

さて、音楽祭終了直後、次の打ち合わせがはじまりました。今度は実際に「子どもたちにギターを教えましょう」という古川さんからの提案です。〝プロのギタリストからギターの手ほどきを受ける〟。子どもたちにとってこんなに素晴らしい機会はめったにありません。何に対しても意欲が乏しい子どもたちですが、音楽祭の舞台を見つめる眼差しは、いつもと違っていたように感じていました。何かが変わるかもしれないという淡い期待を胸に、準備をすすめることになりました。

こもれびギター教室で演奏を楽しむ
子どもとスタッフ

そして迎えた第1回ギター教室。場所はこもれびの事業所内です。Gちゃんを含む小中学生5名が参加しました。全くギターを弾いたことがない子どもたち。講師には古川さんが主宰するティディーズギターのお弟子さんも、貸し出し用のギターとともに参加してくださいました。1時間というレッスン時間の中で、「一体どんなことが行われるのだろう。子どもたちは途中で飽きたりしないだろうか」と、社会貢献とはいえ、プロのギタリストによるレッスンに対して、いろいろな思いが湧き上がってきました。実際にレッスンがはじまると、そんな心配はあっという間に消え去り、ワクワクとした時間が流れていきます。子どもたちは古川さんの魔法にかかり

〝弾けた！〟という感覚を持ったのでしょう。ギターを弾き、音楽を奏でる〝たのしさ〟に引き込まれていくのを感じました。

毎月1回土曜日に開催される『こもれびギター教室』（現在は、こもれびミュージッククラブ《KMC》に改名）。Gちゃんは毎回必ず出席し、腕前をメキメキと発揮していきました。不登校のメリットを最大限に生かし、長時間の自宅滞在時間をギターの練習に当てていたのです。月1回のレッスン日以外は、YouTubeの動画をみて練習。自分が弾きたいと思った曲を徹底的に練習していました。月2回参加する『学習の場いるどらぺ』（寺子屋のようなマンツーマンの塾）でも、ギターの練習時間が増えていきます。Gちゃんをはじめ、ギターを習いはじめた子どもたちの表情がどんどん変化していくのが明らかにわかりました。ギターを通して〝たのしい〟ことに出会い、曲が弾けるようになることで達成感や自信を持てるようになり、ギター以外のことにも意欲的になっていくのです。「勉強もしてみようかな」と。

6 こもれびと学校の関係づくり

不登校になると、学校との距離ができるのは当然ですが、担任など先生とのココロの距離も離れていくと感じています。そのため、こもれびが関わっている子どもの様子は、保護者と子ども本人の同意を得て、学校に報告するようにしています。先生が実際に会うことができない事例ほど、報告に対する先生の反応も乏しくなる印象があります。先生方の手が届かないところで行われる支援は、見えないことが多いため、この先の手立てを考えることが難しくなるのかもしれません。しかし、先生と子どもたちのココロの距離が離れることは、とても残念で仕方ありません。自然と距離を縮める機会を模索するなか、第2回こもれび音楽祭の開催がその機会となりました。

2018年3月、第2回こもれび音楽祭は100名近い観客のもと、堀江にある萬福寺というお寺の多目的室をお借りして行いました。1年間、ギター教室で腕前をあげてきた子どもたちの発表の場です。『夕刻の場いるどらぺ』やそれ以外の事業で関わる子どもたちの成長の変化をたくさんの人に見てもらい、ありのままの姿を応援してほしいという願いを込めて準備を進めました。

Gちゃんの学校の先生にも招待状を送りました。学校に行くことがほぼなくなってしまったGちゃんの様子を、先生は気にかけるものの、家庭訪問しても会えない状態が続いていました。学校には行かず、こもれびには休まず来ることについて、「先生はどんなふうに受け止めているのだろう」という心配も少なからずありました。音楽祭当日、ギター教室で秀でた才能を現したGちゃんが、仲間とともに楽しそうに、堂々と演奏する姿をみて、「こんなにイキイキとした姿を見たのは初めてです」と先生の眼にはうっすらと涙が浮かんでいました。演奏後のGちゃんのそばに歩み寄った先生に「上手やな」と声をかけられ、からりとした態度で微笑んでいたGちゃん。先生とGちゃんのココロの距離が近づいた瞬間でした。帰り際、「来てよかったです」と晴々しい笑顔で感想を残して帰られた先生とこもれびの距離も近づいた気がしました。

7 多様な学びの場を学校とともにつくりたい

学ぶ場の選択肢

年々増える不登校の子どもたち。総合的に学ぶ機会があり、さまざまな体験の機会があり、先生や友達との出会いの機会など、子どもたちの成長過程に必要な要素がバランス良く準備されている学校にスムーズに行くことを私は理想だと思っています。しかし、これびの活動を通じて出会ってきた子どもたちのように、家庭の課題や子ども自身に発達上の課題がある場合には、集団の中で一律に学びを吸収することや、集団に参加することの難しさを感じています。そのような子どもでも、安心できる場や個別的に関われる大人の存在、またこれならやってみようと思える取り組みを用意することにより、その子どもなりの成長過程を経て、立ち止まることなく大人になるための栄養を満たし蓄えていく場が必要であると感じています。そうした栄養で満たされた子どもは、学校という場に戻っていく可能性があることも実践を通して実感してきました。

先生が、この場所を認めてくれる価値

Gちゃんをはじめ、中学時代までは、不登校状態でこもれびの活動に参加してきた子どものほぼ全員が、高校進学に向けて勉強を始め、入学後はほぼ欠席することなく学校生活をたのしんでいる

イラストレーターUmiさんが描く
こもれびのイメージ

という実績があります。

学校を休みはじめて先生の手が届かなくなり、学校としては、打つ手がないと感じたとしても、どこかに子どもたちが安心できる居場所や学びの場があるはずです。子どもの家庭背景や発達特性に応じた環境を地域の中に見つけ、先生とのココロの距離を遠ざけなければ、子どもたちは学校という場を嫌いにならずに、学びを求めていつしか戻っていくと私は信じています。

社会全体が総合的な学びの場となるには、私たち地域で活動する者が何を行っているのかをしっかり発信し、学校の先生方の理解を得ることが大切だと考えています。また、先生方も地域に眼を向けて、どのような資源があるのかを見ようとしていただければ幸いです。現在こもれびは、子どもたちに社会で仕事をする大人との接点を持つ機会づくりを始めています。社会という広い世界が、子どもたちの日常的なリアルな学びになるのではないかと模索しています。そして、社会にいる大人が子どもの現状を知るきっかけになり、子どもたちがどの場にいても安心して学び、体験でき、ココロを休めることができる場づくりを一緒にできるようになれば、不登校という概念はなくなる日が来るかもしれません。子どもが学校以外の場も活用しながら育まれる社会をめざして、こもれびの活動をこれからも続けていきたいと考えています。

08

社会的養護で育った子どもの声に学ぶ
～子どもの権利と学校生活～

長瀬正子

ながせ・まさこ

1977年愛知県生まれ。社会的養護で育つ子どもや若者の権利を保障するための理念や方法について研究。児童養護施設で育った若者が立ち上げたCVV（Children's Views and Voices）の運営を担い当事者の声に多くを学ぶ。現在は、IFCA（International Foster Care Alliance）にもかかわる。主な著書に『きかせてあなたのきもち　子どもの権利ってしってる？』(ひだまり舎)、「子どもの『声』と子どもの貧困――子どもの権利の視点から」『生まれ、育つ基盤(シリーズ・子どもの貧困①)』(明石書店)など。

1 はじめに ～学校と私～

現在の私

私は、現在、社会的養護で育つ子どもの権利をどのように保障するか、そして、社会的養護で育った若者がその後どのような人生を送っているか、そのうえでどのような社会のあり方が求められるのかということをテーマに研究しています。

なぜ子どもの権利をテーマに研究をしているか、そこには子どもの頃の私自身の経験が深くかかわっています。そして、児童養護施設で育った人たちに出会ったことで、日本社会のありようについてより考えるようになりました。学校という場所は、日本社会がそのまま投影された鏡のような側面があります。同時に、学校は大切な社会資源のひとつです。社会的養護を必要とした子どもにとって学校はどのような存在であったのかを読み解き、私たちに求められていることを考えたいと思います。

子どもの権利との出会い

私は愛知県の公立中学校に通っていました。そこでの日々は、すべて「管理される」ものでした。靴下の長さと色、鉛筆の形、筆箱の色、髪の長さ、学ぶべき内容…。当時、学校では「学校に適応できない子どもは、社会でもやっていけない」と繰り返し言われていました。私は、学校の「フツウ」が耐えられなかったので、長らく「ちゃんとした大人」になれないと思っていました。そして、そんな自分を責めていました。

転機となったのは、大学3年生のときに新聞記事で見つけた「地球規模で考えよう、子どもの権利」という市民講座でした。この講座を皮切りに、私は、社会を変えるための行動をするおとなたちに出会っていきました。今ある社会に適応するのではなく、「社会は変えてもいいのだ」という考えは、私をずいぶんあたためてくれたように思います。

子どもの頃を振り返るワークを複数経験する中で、子どもの権利条約にまつわる出来事を思い出しました。中学生の頃、実家は小学生から読める子ども対象の新聞を購読していました。ある記事で、１９８９年に子どもの権利条約は採択されたが、日本では批准されていないことを知りました。それを知ったとき、「私のせいじゃないんだ」と思ったことを憶えています。「苦しいのは私が悪いんじゃなくて、この社会のありようが関係あるのかもしれない」と気づかされたのです。それは、心に光が灯るような経験でした。子どもの権利という視点を知ることで、私は自分を責める矢印を少し止めることができたのです。

現在、私が子どもやおとなに子どもの権利を伝えることを仕事にしているのは、このときの経験が大きいと思っています。子どもの権利という考えは、子どもを勇気づけ支える光となり、おとなが前に進むときのコンパスのような存在だと思うのです。

児童養護施設で育った人たちとの出会い

権利条約第12条は、子どもの意見を表明する権利、参加する権利を示しています。子どもを尊重し、おとなには聴く責任があるということを示しています。後述する一般原則のひとつであり、子どもを人として尊重する姿勢があらわれている条文です。私は、日本社会でもっとも奪われているのはこの権利ではないか、と考えてきました。大学院に進学し、このテーマで研究したいと思ったとき、恩師に紹介されたのが、児童養護施設等で生活する子どもを対象に配られている『子どもの権利ノート』という小さな冊子でした。同時期に、ある居場所の立ち上げにかかわるなかで児童養護施設で育つ子どもたちに出会います。その出会いが、CVV（Children's Views and Voices）やIFCA（International Foster Care Alliance）という社会的養護における当事者活動にかかわることにつながります。社会に、社会的養護の経験のある人たちの「声」がもっと届くように、という思いでいます。

2 児童養護施設で育つ子どもにとっての学校

当事者の「声」に学ぶ

社会的養護という営みは、あまり多くの人に知られていません。厚生労働省のWebサイトには、

「社会的養護とは、保護者のない児童や、保護者に監護させることが適当でない児童を、公的責任で社会的に養育し、保護するとともに、養育に大きな困難を抱える家庭への支援を行うことです」と記述されています。

ただ、この定義からは、社会的養護を必要とするということが、子どもにとってどのような経験であるかを想像することは難しいです。以下では、『月刊福祉』「社会的養護の当事者の語り My Voice My Life」の69名のインタビューから学校にかかわるエピソードをもとに考えてみたいと思います。当事者の言葉と視点は、子どもの側から世界がどのように見えているのか、何が支援と受け取られているのかを教えてくれます。

(1) 貧困と暴力、そして失っているもの

母と同居していた男性に、私は何度か殺されかけた…。ベランダの手すりの外に足を持って逆さづりにされたり、ベランダにずっと閉め出されたり、暗い和室で襖を閉めてひとり取り残されたり。[注1]

前記の萌さんの言葉は、社会的養護にたどり着くまでの経験が、「虐待死」の一歩手前を生き延びるという過酷なものであることを伝えます。

入所時の家庭状況における虐待の経験は、里親で全体の39・3%（前回2013年37・4%）、児童養護施設で45・2%（前回37・9%）となります。[注2] 全体の半数に近い子どもたちが虐待を受けていることがわかります。

そして、虐待は、保護者、子ども、養育環境のリスクが絡み合って生じます。[注3] 次の銀次郎さんの言葉は、虐待がひどくなるときと経済的な困窮度合いが関連していることを想像させるものです。養育環境のリスク要因は、家庭の経済的困窮と社会的な孤立に影響を受けます。

しょっちゅう殴られていましたね。週5〜6回、ほぼ毎日です。父母がスロットで負けた時など、お金が苦しい時が多かったような気がします。[注4]

次の語りは、母親とともに居住場所を転々としてきたスダチさんの語りです。

僕は、お母さんにすがるしかなかったんで。「イヤ」とはなかなか言えなかったでしょうね。……いつも母親の顔色うかがいながら、怒られないようにいたので。母親のしんどさはずっと聴いてて。「わたしの味方は○○だけ」「裏切らないでほしい」ってずっと言われ続けてきた。……暮らし始めて2、3ヵ月で、すでに内縁の夫との関係性はダメになってたんですよ。でも、お母さん自身行き場がなかった。だから、嫌いな人であっても一緒に暮らし続けるしかない。お金もないし、頼れる人もいない。ものすごく孤独だった。[注5]

スダチさんが施設で生活する直接的な理由は、母親の受刑です。しかし、その背景には、母親の経済的な困窮、社会的孤立があることがわかります。それは、日本における女性の生きづらさと重なるものでしょう。非正規労働者の割合が男性の2倍であること、暴力に遭遇しやすいこと、とりわけ母子世帯は困窮しやすく貧困率は54・6%であること等です。[注6]

(2) 信頼できるおとなとしての教員

子どもが、たった一人でこのような状況を脱することは簡単ではありません。近所の人、友達の親、保育所や幼稚園の先生、親戚、身近にいるおとなたちの存在が、社会的養護の仕組みとのつながりを作ります。学校教員もそうした存在の一人です。

真帆さんは、学校教員に困っている状況を相談していました。

小学校4年生の担任に相談してたんですよ。親身になってくれる先生で、夕食が食べれなかったときは、朝早く学校に行って、ごはんを食べさせてもらったりしてた。夏休みが近づいて、家にずっと居るのはきついな、と思って相談しました。学校で児童相談所の人と会って、一時

保護所に行きました。[注7]

状況がより厳しくなったとき、真帆さんは学校へと逃げます。真帆さんのように、学校教員が子どもの被害に気づき、施設等に入所する保護のプロセスを助けたというエピソードは他の複数の子どもたちからも語られています。[注8]

そして、次の銀次郎さんの言葉は、登校が十分保障されなかった日常が変化した喜びを伝えるものです。

何といっても、毎日学校に行けるのがうれしかった。毎日行くことなんてなかったですから。[注9]

不登校になっている子どもも少なくありません。[注10] 不登校になる背景には、度重なる転校やいじめ等複数の背景があります。

施設に入所後も、教員が信頼できるおとなである場合、子どもにとって非常に大きな存在となります。次の語りにあるはじめさんは、この教員との出会いから記憶がはっきりしてきたと言います。信頼できるおとなとの出会いは、子どもから見える風景を変えるほどの影響があるのかもしれません。

4年生の担任がすごい先生で。先生らしくない先生。男性で、サッカー選手みたいな感じの金髪でロン毛だったんですよ（笑）。4年生でその先生と会って学校とか生活が楽しくなって。……その頃から記憶がはっきりしてますね。[注11]

（3）施設への偏見や否定的なまなざしが生むもの

しかし、入所して以降の子どもたちの学校での経験は、どちらかというと否定的な経験であることも少なくありません。次の洋太さんの言葉は、トラブルがあった際にまず施設の子どもに原因の矛先が向かうことを伝えるものです。

学校で物がなくなったり、何かあったりした時にまずは学園の子が疑われるんです。[注12]

「施設で育つ子ども」と一括りにまなざされるだけでなく、そこに対する否定的なメッセージや偏見を押し付けられた当事者の語りも複数あります。[注13]

勤労感謝の日に、親に手紙を書こう、という授業があった時。「わーどうしよう」と思って。みんなに見せないように、施設の園長の名前とか書いて。それを学校の先生がもう勝手に送っ

ちゃうんです。その住所のところに。それがいちばんつらかったかな。[注14]

親子で支え合う、助け合えるような健全な家族像が前提とされ、その家族を持っていない自分を意識させられる機会も語られていました。そうした中で、年齢を重ねるにつれ、当事者たちは自らをまもるためさまざまな対応をとります。

健さんは、施設で生活していることを知られないようにするために、子どもたち同士でつくる「壁」の存在を語っています。「壁」は、社会からの偏見や否定的なメッセージを受け取らないように当事者がまとう鎧《よろい》のようなものかもしれません。

中学くらいから、施設で暮らしている子同士が学校で会う時に「壁」ができ始めた。自分のコミュニティを学校に持ち始めて、「お前、なんであいつ（同じ施設で暮らしている友達）と仲がいいん?」と言われたくないというか。「施設で生活しているっていうことをあんまり知られたくない」って思っていることにつながるのかもしれないけど…。…そして、高校生になると、より一層見えない「壁」の感じが出てくる。（施設で生活していることを）隠しているわけではないけど、敢えておおっぴろげにするわけじゃない、そんな感じ。[注15]

3●●●子どもの権利の視点から社会的養護を考える

学校が子どもの社会資源になるために

子どもたちの学校での経験は、自立後の社会での経験と重なるものも少なくありません。「社会的養護」という言葉であるにもかかわらず、実際には一般の子育てとは距離があり、「社会的」な営みには成りえていないのです。当事者の言葉は、そのような現実を伝えているのではないでしょうか。

「壁」は、自分をまもるための鎧であり、当事者自身のサバイバルスキルではある一方、他者と関係をつくるときの「壁」にもなります。本来は、当事者自身が「壁」をつくらないですむような社会にする必要があるのではないでしょうか。社会というと、大きなものを想像するかもしれません。子どもにとっては、身近な家族、そして学校、地域社会、それぞれが社会です。いきなり日本社会全体を心地の良いものにしていくのは難しいでしょう。それでも、たとえば学校においては、社会的養護で育つ子どもの周囲にいる教員が、まずはその子どもの置かれた状況を理解し、差別や偏見を与えるのではなく、子どもを応援するおとなのひとりになることから、変化はもたらされるのではないでしょうか。それが、学校が子どもの社会資源になるということだと思います。

しかし、現実には、それを阻んでしまう「壁」があります。当事者と私たちの間にある「壁」に

表1 「子どもの権利条約」一般原則

1. 生命、生存及び発達に対する権利（命を守られ成長できること） すべての子どもの命が守られ、もって生まれた能力を十分に伸ばして成長できるよう、医療、教育、生活への支援などを受けることが保障されます。 2. 子どもの最善の利益（子どもにとって最もよいこと） 子どもに関することが行われる時は、「その子どもにとって最もよいこと」を第一に考えます。 3. 子どもの意見の尊重（意見を表明し参加できること） 子どもは自分に関係のある事柄について自由に意見を表すことができ、おとなはその意見を子どもの発達に応じて十分に考慮します。 4. 差別の禁止（差別のないこと） すべての子どもは、子ども自身や親の人種、性別、意見、障がい、経済状況などどんな理由でも差別されず、条約の定めるすべての権利が保障されます。

出典：日本ユニセフ協会ウェブサイト　https://www.unicef.or.jp/about_unicef/about_rig.html

は、私たちが無意識にもつ家族のイメージと、国および社会が家族を支援する責任をどう考えるかという点とも深くかかわります。この点を考えるために、権利条約の四つの一般原則をもとに考えてみたいと思います。

子どもの権利条約が重視する価値 ～四つの一般原則～

表1は、四つの一般原則を示したものです。

社会的養護を必要とする子どもたちは、一般原則のひとつである子どもの生存と発達に対する権利を保障する基礎的な集団である親を頼ることができない状況にあります。こうした状況の子どもは、世界的に見ても「日々の生活において重大な困難」があり、おとなになってもその困難さが引き継がれてしまうことも少なくありません。[注16]権利条約第18条では、子どもの養育の第一義責任は親にあり、国はそれを援助する責任があることを明確にしています。[注17]前述した当事者の語りからわかるように、子どもが社会的養護を必要とするような事情の背景には、社会的な要因が複合的に積み重なっています。それは、国や社会の親を支えていくという仕組みの不十分さを露呈するものではないでしょうか。

さらに、社会的養護を必要とする子どもは、親・家族を「持てなかった」「持っていない」ことに対する偏見や差別に晒《さら》されます。家族は血縁で構成され、親はどんなときも子どもを想うといった考えは、日本社会において空気のように存在します。そのような健全な家族像を前提にした制度設計は、当事者にとって非常に使いづらいものです。[注18]

複合的な困難が重なる社会的養護

このような状況が起こるのは、差別の禁止（第2条）が大きくかかわります。[注19] 第2条は、「みんな平等にもっている」条約にある権利が社会にある差別によって奪われたり、損なわれたりする危険性があることを指摘しています。社会的養護を必要とする子どもの場合は、子どもを支える家族を持てなかったことの不利益のみならず、健全な家族像を前提にした社会のあり方、そこで生じる差別や偏見によっても、子どもの権利が奪われています。当事者の語りからわかる貧困という問題に加え、差別の問題、そして外国籍や、障害等日本社会におけるマイノリティーの問題が絡まり合って、子どもたちは社会的養護を必要とする状態にさせられます。

私たちは、格差や貧困を生む日本社会のありようを変えていくとともに、国による家族への支援を手厚くしていくことを求める必要があるでしょう。同時に、多様な家族イメージの広がりとともに、社会的養護への偏見や差別をなくしていくといった複数のアクションが求められています。

そして、子どもをめぐる状況を変えていこうとするときには、「子どもの最善の利益（第3条）」、子どもにとってもっとも良いことを追求する必要があります。そのときに、欠かすことができないのが「子どもの意見の尊重（第12条）」です。おとなだけで考えていても、子どもの実情を踏まえることができないからです。子どもの「声」が聴かれて初めて、どのようにしたら「子どもの生命、生存及び発達に対する権利（第6条）」を実現できるか、「子どもの最善の利益（第3条）」とは何かを考えることができるのではないでしょうか。子どもの権利条約の一般原則は、おとなが子どもに起きていることを改善していこうとする際の指針となります。

4 子ども・そして当事者とともに

当事者の「声」から学んできたこと

私は、児童養護施設で育った人たちの「声」に多くを学んできました。CVVの活動では、食事や誕生日のお祝い等日常をともにしてきました。調査研究では、インタビューという形で聴かせてもらっています。IFCAの活動では、当事者とともに日本の先を行くアメリカの当事者活動の実践に学んでいます。これら一連の学びは、単に研究者としての学びだけでなく、私自身の人生を楽に、豊かにしてくれたことも少なくありません。

複数の傷つき体験を持っている当事者の方たちが、人を信じようとする力を失っていないこと、そして、信頼できるおとなと出会ったときに変化していく姿を何度も見てきました。人の可塑性、回復する力に勇気をもらうことは少なくありません。親が子育てすべてを担う必要はなく、安心できる人との出会いの中で子どもは成長していくのだということを教えてもらいました。

子どもの権利条約というコンパス

そして、子どもの権利という視点や権利条約の条文も、私にとっては何度も見返すコンパスのような存在です。子どもを人として尊重するということ、それは、おとなが子どもの問題を引き受けて解決する強い存在になるのではなく、子どもの力を借りながら話し合ってすすめていく平たい関係性をつくっていくように思います。とはいえ、現在おとなになっている人たちもそのような関係のなかで育てられていません。私自身、特に子育ての場面では、自身の理念と実際の行動の間で葛藤を感じることも少なくありません。そんな私が実際に助けられ、注目している存在のひとつに絵本があります。

私は、絵本を子どもから読むことができる本だととらえています。第12条の意見表明権を詳しく解説した一般的意見では、その権利を過程ととらえ、「子どもと大人相互の尊重にもとづく情報共有と対話を含む、子どもと大人の意見（views）がどのように考慮されて結果を形作るのかを学ぶ、進行中のプロセス（ongoing process）」と定義しています。相互の尊重、情報共有と対話が重要ですが、絵本を子どもと一緒に読むことは、これら一連のプロセスを実現するものになるのです。

Webサイト「ちいさなとびら」という試み

2017年から、私は人権や子どもの権利、家族の多様性、性教育、暴力防止等をテーマにした絵本、子どもとの対話を助けるような絵本を収集し紹介する「ちいさなとびら」という活動を始めました。おとなが子どもと話すときにちょっと難しいと感じるような、でも生きていくうえで欠かせない価値を共有できる絵本です。

2020年9月にはコロナ下において国連子どもの権利委員会から出された声明をやさしい日本語訳にしたワークブック型絵本『子どもの権利と新型コロナ』を友人と自費出版で発行しました。絵本は口コミで広がり、1年後の2021年9月により多くの子どもとおとなに届くよう『きかせてあなたのきもち　子どもの権利ってしってる?』(ひだまり舎、2021年)というハードカバー絵本に生まれ変わりました。気持ちを我慢し、「声」が失われていくコロナ下だからこそ、子どもと「読む」という平たい場面で、子どもとおとなが子どもの権利を知り、気持ちを共有し語り合えるきっかけをつくることができたら、という願いをこめました。

私たちは、家族に大きな期待を持っています。その期待が大きければ大きいほど、社会的養護の営みは隠され、見えにくくなるように思います。子どもの側から見たときに世界はどんなふうに見えるのか、その「声」への信頼と、子どもという存在への尊重が求められています。学校現場が、子どもの社会資源になっていくには、いくつものハードルがあるかもしれません。まずは知ることから、そして学ぶことから、絵本を手に取るところから始めてみてはどうでしょうか。

注

1 萌さんの言葉。谷口純世「社会的養護当事者の語り（vol.52）」『月刊福祉』102巻8号、2019年8月

2 一般的に「虐待」とされる「放任・怠だ」「虐待・酷使」「棄児」「養育拒否」の割合を合計している。厚生労働省「児童養護施設入所児童調査の概要（2018年2月時点）」2020年1月

3 母子愛育会・日本子ども家庭総合研究所『子ども虐待対応の手引き：平成25年8月厚生労働省の改正通知』有斐閣、2014年、29～32頁

4 銀次郎さんの言葉。山縣文治「社会的養護当事者の語り（vol.37）」『月刊福祉』101巻5号、2018年5月

5 スダチさんの言葉。長瀬正子「社会的養護当事者の語り（vol.43）」『月刊福祉』101巻11号、2018年11月

6 特集 女性と貧困――見えない貧困への自治体の取り組み 自治体問題研究所『住民と自治』2017年8月号

7 真帆さんの語り。長瀬正子「社会的養護当事者の語り（vol.23）」『月刊福祉』第100巻第3号、2017年3月

8 ラル子さん（「社会的養護当事者の語り（vol.9）」）、マメツブさん（前掲vol.35）、はるなさん（前掲vol.45）など。一方で、当事者に「助けてくれなかった」と感じさせる経験には、さとみさん（前掲vol.38）、ハルさん（前掲vol.64）など。

9 銀次郎さんの言葉。山縣文治「社会的養護当事者の語り（前掲）」

10 他にはスダチさん（前述）、愛さん（社会的養護当事者の語り（vol.18））のエピソードがある。
11 はじめさんの言葉。長瀬正子「社会的養護当事者の語り（vol.57）」『月刊福祉』103巻1号、2020年1月
12 洋太さんの言葉。山縣文治「社会的養護当事者の語り（vol.21）」『月刊福祉』100巻1号、2017年1月
13 稲村まさこさん（社会的養護当事者の語り（vol.26））、川瀬信一さん（前掲vol.44）など。
14 陸さんの言葉。林浩康「社会的養護当事者の語り（vol.12）」『月刊福祉』99巻4号、2016年4月
15 健さんの言葉。長瀬正子「社会的養護当事者の語り（vol.3）」『月刊福祉』98巻8号、2015年7月
16 国連は、専門的な指針を提供する国際的基準を検討し、2009年に「子どもの代替養育に関するガイドライン（以下、ガイドライン）」を策定した。子どもの村福岡編『国連子どもの代替養育に関するガイドライン――SOS子どもの村と福岡の取り組み』福村出版、2011年
17 権利条約第18条1を参照のこと。
18 たとえばコロナ禍においては、10万円の特別定額給付金の給付が世帯単位であったことから、家族と距離をとって生活している当事者は受け取りづらく受け取ることをあきらめた当事者が少なくないことを報告している。IFCAでは、当事者425名のWebアンケート調査結果をもとに、5つの提言をまとめているが、1つ目に「健全な」家族を前提とした支援から一人ひとりの状況に即した支援の充実をあげている。IFCAプロジェクトC・原田理沙・長瀬正子・井出智博「COVID-19 感染拡大下の社会的養護経験者の実情と必要な支援――当事者の声に基づいた提言」『福祉心理学研究』第18巻第1号、2021年3月
19 日本ユニセフ協会は、第2条の差別の禁止を子どもにもわかる日本語にしている。「すべての子どもは、みんな平等にこの条約にある権利をもっています。子どもは、国のちがいや、男か女か、どのようなことばを使うか、どんな宗教を信じているか、どんな意見をもっているか、心やからだに障がいがあるかないか、お金持ちであるかないか、親がどういう人であるか、などによって差別されません。」

09

学校年代の子どもの自殺を読み解く
～背景にある格差への注目～

平野孝典

ひらの・たかのり

1985年兵庫県生まれ。桃山学院大学社会学部准教授。専門社会調査士。社会調査データの分析をもとに、若者・子どもの自殺問題について研究。主な著書に『新自殺論——自己イメージから自殺を読み解く社会学』（共著、青弓社）、『いまを生きるための社会学』（共編著、丸善）など。

1 ●●● 私と学校

　学校の思い出というと、幼稚園の登園初日に大泣きしたことはよく覚えています。おそらく家族以外の世界に足を踏み入れることに不安を覚えたのでしょう。幼稚園の送迎バスに乗り込むまいと必死に抵抗したため、最終的には保育士さんらに担がれ、送迎バスに押し込められてしまいました。私自身は真剣に抵抗していたと思うのですが、周囲の大人たちはとても楽しそうで、みな笑っていたような気がします。

　それから30年以上経った現在でも妙に記憶に残っているのは、自分の思い通りにならない世界があることを痛感したからかもしれません。大げさにいえば、この経験により、学校、あるいは「社会」とは、自分の力の及ばない理不尽で大きな存在というイメージが植えつけられたような気がします。

　私はエミール・デュルケームという社会学者が書いた『自殺論』という本を手がかりに自殺の研究をしています（Durkheim 1897［訳 1985］）。彼は社会が個人の意識や行動に強く影響を与えている点を強調する学者です。個人の意思を超えた社会的な力の存在を主張する彼の説は、私がおぼろげながら抱いていた社会観と相性がよかったのかもしれません。

　ここ数年、私は「子ども」より年齢が上のいわゆる「若者」と呼ばれる人々の自殺、特に非正規労働者の自殺の実態調査・研究を進めてきました。そのため、子どもの自殺については、まだまだ勉強中です。しかし1990年代中頃から、子どもの自殺死亡率（人口10万人あたりの自殺者数）は上昇傾向にあり、他の年齢層とは異なる状況が続いています。このことは、子どもたちの社会に何らかの変化が起きていることを示しています。その変化とはいったい何なのでしょうか。簡単に答えの出る話ではありませんが、その手がかりを見つけるべく研究を進めています。

2 深刻化する子どもの自殺

体は健康、心は不健康

ここからは、子どもの自殺の現状について、さまざまなデータを紹介しながら読み解いていきます。まず日本全体の自殺の状況について簡単に触れましょう。日本の自殺者数は1997年から1998年にかけて、約2万4000人から約3万2000人へと急増し、その後も長らく高止まりを続けていました。しかし2010年以降、自殺者数はようやく減少傾向に入り、2019年の自殺者数は2万169人と1978年以降でもっとも少なくなりました[注1]（警察庁「自殺統計」）。

しかし、子どもの自殺動向は決して楽観視できる状況ではありません。きわめて残念なことですが、子どもにとって自殺は「身近」な死因の1つです。厚生労働省「人口動態統計」（2019年）の死因順位から自殺の順位を確認すると、男子では、10～14歳で2位、15～19歳で1位になっています。女子ではなんといずれの年齢層でも1位です[注2]。

また、国際的にみたとき、日本の子どもの自殺死亡率は高い部類に入ります。ユニセフの調査によると、日本の15~19歳の自殺死亡率（2013年~15年の3年平均）は7・5でした（ユニセフ 2020）。これは調査対象国の平均（6・5）を上回っており、上から12番目の高さです。また、日本の子どもは生活への満足度も低く、子どもの精神的幸福度の順位は全38か国中37位と最下位に近い結果になっています。これに対して、死亡率と過体重／肥満の割合から計算された身体的健康の順位は1位でした。ユニセフの調査結果をふまえれば、国際的にみたとき、日本の子どもには「体は健康だが心は不健康」という特徴があるようです。

上昇する子どもの自殺死亡率

次に、年齢別に自殺の状況を確認しましょう。図1には、自殺が急増する前年の1997年から2019年までの自殺死亡率を年齢別に示しました。ここから、19歳未満の子どもの自殺死亡率が非常に低いことがわかります。2019年の50歳代の自殺死亡率と比べると、子どもの自殺死亡率はその7分の1程度です。同じく2019年の自殺者数も659人であり、総数2万169人の3・3%を占めるにすぎません。

重要なのは、自殺死亡率の変化です。少しわかりにくいですが、19歳未満・20歳代・30歳代という若い世代では、2019年の自殺死亡率が自殺急増以前の1997年の自殺死亡率を上回ってい

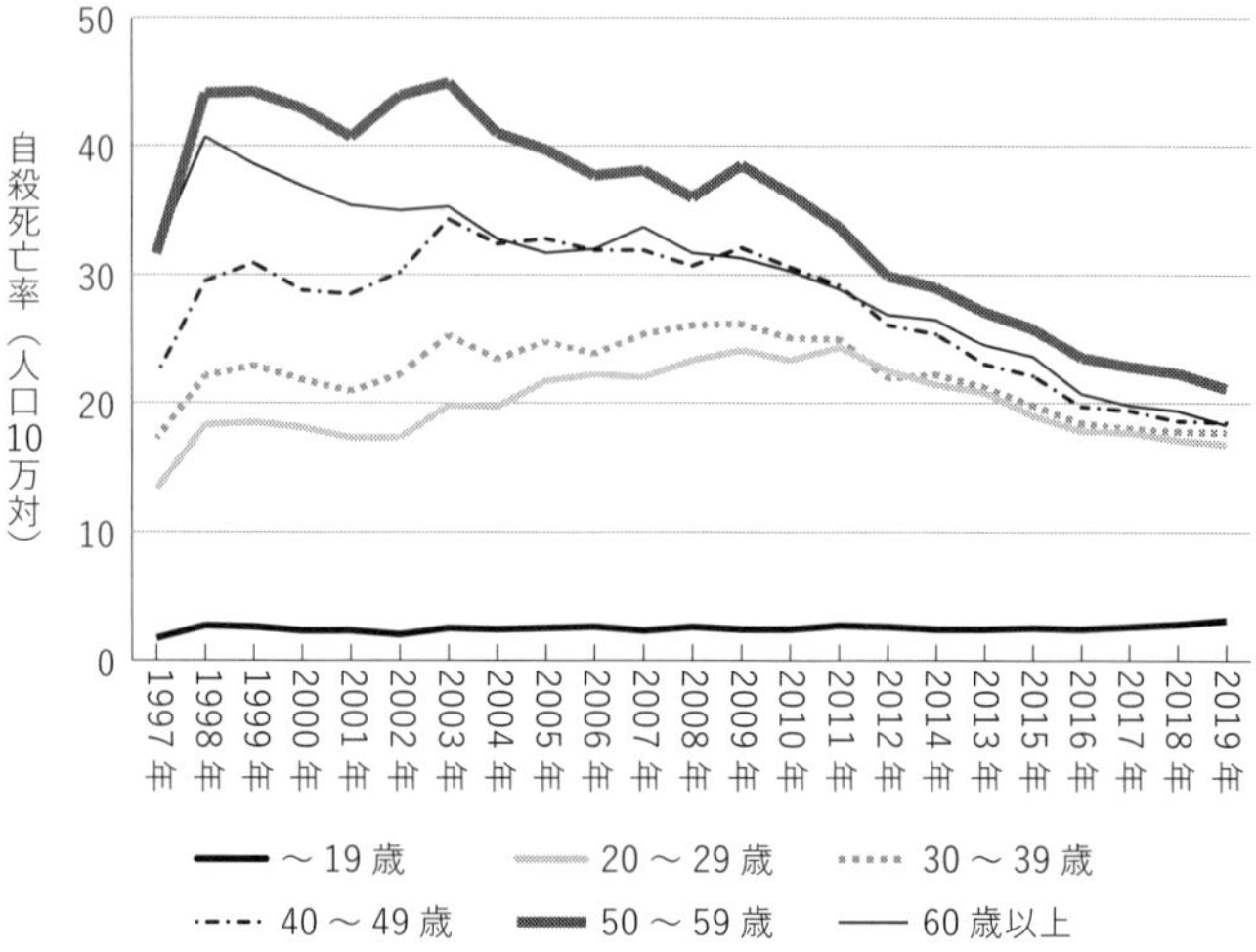

図1　年齢層別にみた自殺死亡率の推移（1997～2019年）

注：自殺者数は警察庁「自殺統計」にもとづく。
出典：厚生労働省『令和2年版自殺対策白書』より、筆者作成。

ます。特に19歳未満では、自殺死亡率が1・7から3・1に2倍以上も上昇しています。20歳代・30歳代が2010年前後を境に自殺死亡率は低下傾向にあるなかで、19歳未満の自殺死亡率は上昇傾向にあるのです。

図2には、児童・生徒（小学生・中学生・高校生）に限定して、自殺死亡率の推移を示しました。[注3] 高校生では1993年から2019年にかけて自殺死亡率は3倍以上も上昇しています（2・5→8・8）。同様に中学生の自殺死亡率も上昇傾向にあり、2013年以降の自殺死亡率は1985年以降でもっとも高い水準にあります。なお、小学生は自殺者数自体が少なく、自殺死亡率も大きな変化はありません。[注4]

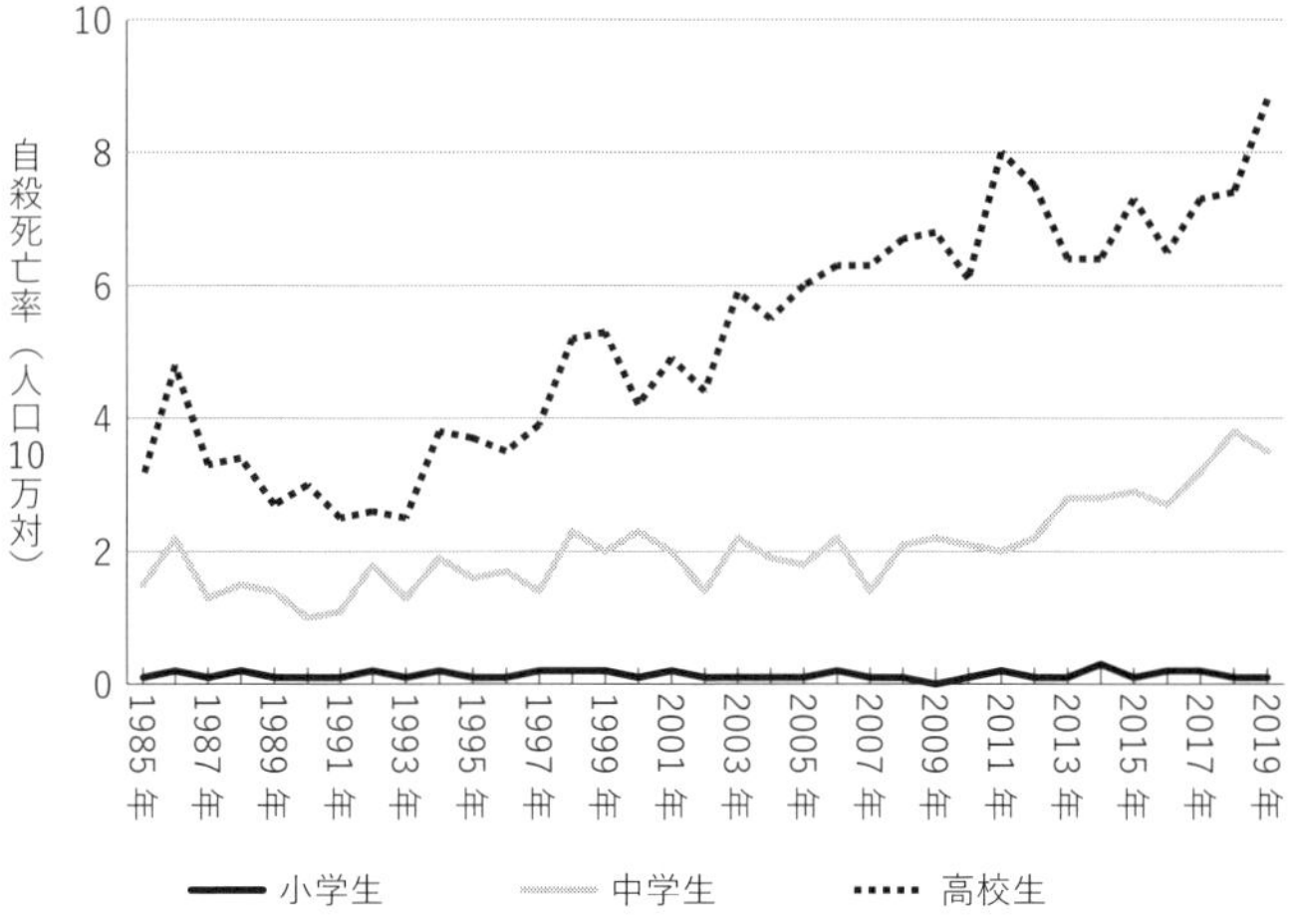

図2　生徒・児童の自殺死亡率の推移（1985～2019年）

注：自殺死亡率は在学者10万人あたりの自殺者数を指す。2006年までの自殺者数は自殺予防学会が提供したものである。

出典：2006年までの自殺者数は内閣府『平成19年版自殺対策白書』、2007年以降の自殺者数は警察庁「自殺統計」から得た。在学者数は文部科学省「学校基本統計（年次統計）」から得た。

前述の通り、子どもの自殺死亡率は大人よりも低いのですが、大人の自殺死亡率が低下傾向にある中で、子どもたちの自殺死亡率だけが上昇傾向を示していることは、注目に値します。現在の日本社会において、自殺死亡率が上昇し続けているのは、子どもたちだけなのです。

3 自殺の原因・動機からみる子どもの自殺

子どもの自殺の原因・動機

ここまで、子どもの自殺死亡率が上昇していること、つまり子どもの自殺の危険性が高まっていることを統計データから示してきました。それでは、

表１　自殺の原因・動機別にみた児童・生徒の自殺者数（2019 年）

自殺の原因・動機	小学生			中学生			高校生		
	総数	男	女	総数	男	女	総数	男	女
家庭問題	3	1	2	28	16	12	49	32	17
健康問題	0	0	0	15	2	13	51	27	24
経済・生活問題	0	0	0	0	0	0	3	2	1
勤務問題	0	0	0	0	0	0	1	0	1
男女問題	0	0	0	4	2	2	27	14	13
学校問題	6	1	5	41	21	20	110	90	20
その他	0	0	0	13	8	5	25	20	5
合計	9	2	7	101	49	52	266	185	81

注：自殺の原因・動機は自殺者１人につき３つまで計上している。
出典：警察庁「令和元年中における自殺の状況」より、筆者作成。

なぜ子どもの自殺死亡率は上昇しているのでしょうか。この問題に答えるためには、まずは「子どもの自殺の原因は何か」ということを考える必要があります。

そこで、警察が調べている自殺の原因・動機についての統計を見てみましょう。自殺の原因・動機を認定しているのは研究者や精神科医などの専門家ではなく、個々の警察官ですので、一定の限界はあると思われますが、それでも有益な情報を読み取ることはできます。

表１には、動機別にみた児童・生徒の自殺者数を示しています。ここから、小学生は家庭問題と学校問題が主であり、中学生・高校生ではこれらに加えて健康問題が加わるという傾向を読み取ることができます。表には示していませんが、細かい内訳をみていくと、家庭問題では「親子関係の不和」と「家庭からのしつけ・叱責」が大半を占めていました。つまり、親子関係のトラブルが原因ということです。学校問題では、学業に関する問題（学業不振・入試に関する悩み・その他進路に関する悩み）

と友人関係のトラブル（その他学友との不和）が多い傾向があります。最後に、健康問題ではうつ病などの精神疾患が多数を占めていました。

なお、子どもの自殺の原因として語られやすい「いじめ」ですが、警察庁の統計によれば、2019年において「いじめ」を原因・動機とした児童・生徒の自殺は2件しか確認されていません。過去の統計をみても、いじめを原因・動機とした子どもの自殺は、多くても10件程度しか計上されていません。あくまでも遺書などで自殺の原因・動機の裏付けがとれた自殺しか計上していないという事情はあるのでしょうが、子どもの自殺の原因として、いじめだけに過度に注目することは危険なのかもしれません[注5]（伊藤 2014）。

以上のように、自殺した子どもたちに共通する背景として、親子関係や友人関係、そして学業面での問題を指摘することはできそうです。これらの要因は子どもの自殺に関する研究でも指摘されているものです（King et al eds. 2013［2016］）。

「相談」の重要性と注意点

とはいえ、これら親子関係・友人関係のトラブルや学業についての悩みは、程度の差はあれ、おそらく多くの子どもたちが経験することです。このように考えると、困難そのものを防ぐだけでなく、困難を抱えたときに相談できる窓口を増やすことや、何らかの困難に対して適切に対処する方法を学習することも重要であるといえます。2017年の自殺総合対策大綱の見直し時に、12の重点政策の1つとして「子ども・若者の自殺対策をさらに推進する」が新たに追加されました。これを受け、厚生労働省はSNSを活用した自殺相談事業を実施しており、文部科学省も「SOSの出し方教育」という子どもたちの援助希求能力（助けを求めることのできる力）の向上をねらった施策を打ち出しています。

これらの政策により、子どもの自殺が減少することが期待されていますが、注意しなければならないのは、向上させるべきは援助希求能力だけではないという点です。子どもがSOSを発信しても、周囲の人間がそれを適切に受け止めなければ意味がありません。また、周囲に助けを求めることは恥ずかしいことではない、という価値観も醸成する必要があります。自殺の少ない地域の特徴の1つに、援助希求への抵抗感が弱いことがあげられていることからも、SOSを発信すること自体への理解や寛容さが求められます（岡 2013）。

4 子どもの自殺の背景にある社会経済的格差に注目を

官庁統計が示す「格差と自殺」

最後に、子どもの自殺について、私が特に関心をもっているテーマを紹介しましょう。それは、子どもの自殺の背景にある社会経済的な格差です。大人の自殺では、失業者や貧困層など社会経済的に不利な状況にある人の自殺の危険性が高いことはよく知られています（平野 2020）。子どもに

表2　世帯類型別にみた自殺者数（5～14歳）

世帯類型	2017年		2018年		2019年	
	自殺者数	%	自殺者数	%	自殺者数	%
有職世帯	67	67.0	77	77.8	63	70.0
農家世帯	1	1.0	3	3.0	3	3.3
自営業者世帯	6	6.0	7	7.1	6	6.7
常用勤労者世帯Ⅰ	23	23.0	19	19.2	19	21.1
常用勤労者世帯Ⅱ	21	21.0	25	25.3	20	22.2
その他の世帯	16	16.0	23	23.2	15	16.7
無職の世帯	9	9.0	8	8.1	14	15.6
不詳	24	24.0	14	14.1	13	14.4
合計	100	100.0	99	100.0	90	100.0

注：常用勤労者世帯Ⅰとは「最多所得者が企業・個人商店等（官公庁は除く）の常用勤労者世帯で勤め先の従事者数が1人から99人までの世帯(日々または1年未満の契約の雇用者はその他の世帯)」を指す。
常用勤労者世帯Ⅱとは「最多所得者が常用勤労者世帯（Ⅰ）にあてはまらない常用勤労者世帯及び会社団体の役員の世帯（日々または1年未満の契約の雇用者はその他の世帯)」を指す。
出典：厚生労働省「人口動態統計（2017年～2019年)」より、筆者作成。

ついても、貧困世帯の子どもは健康状態が悪いという報告があります（阿部 2014）。子どもの健康状態は、家庭の社会経済的状況を反映しているのです。

しかしながら、警察の統計上は、家庭の社会経済的な問題を背景にした子どもの自殺はほとんど計上されていません。また、特に日本では、子どもの自殺と家庭の社会経済的状況との関連を調べた研究はほとんど見当たりません。

そこで私は官庁統計と社会調査を組み合わせて、子どもの自殺の背景にある社会経済的格差を調べています。まず、官庁統計から、自殺した子どもたちの世帯の特徴を確認しましょう。表2には、自殺で亡くなった子ども（5～14歳）の世帯類型を示しています。[注6] ここでの世帯類型は、世帯の最多所得者の仕事の種類によって分類されています。世帯に仕事をしている人

表3　末子が5～14歳の児童のいる世帯数（2019年）

世帯類型	世帯数 （1000世帯）	%
有職世帯	5542	95.6
父のみ仕事あり	1194	20.6
父母ともに仕事あり	3691	63.7
母のみ仕事あり	657	11.3
無職世帯		
父母ともに仕事なし	123	2.1
父母なし	35	0.6
不詳	96	1.7
合計	5796	100.0

出典：厚生労働省「2019（令和元）年国民生活基礎調査」より、筆者作成。

が誰もいない場合、無職の世帯に分類されます。そのうえで表をみると、２０１７～２０１９年において、無職の世帯の割合が10％前後を占めていることがわかります。つまり、自殺で亡くなった子どものうち10％程度は、働く人が誰もいない家庭で育っていたということです。

日本全体では、5～14歳の末子（一番年齢の若い子ども）がいる世帯のうち、「父母ともに仕事なし」世帯は2・1％に過ぎません（表3）。これに職業についての記載のない「父母なし」を加えたとしても2・7％です。この割合と、先ほどの自殺した5～14歳の子どものうち、約10％が無職の世帯であったことを比べると、大きな差があります。10万世帯当たりの自殺者数を計算すると、有職世帯では1・1人に対し、無職の世帯では11・4人となりました（２０１９年）。大まかな計算ではありますが、無職世帯の子どもの自殺の危険性は、有職世帯の子どもよりも、相当高いようです。

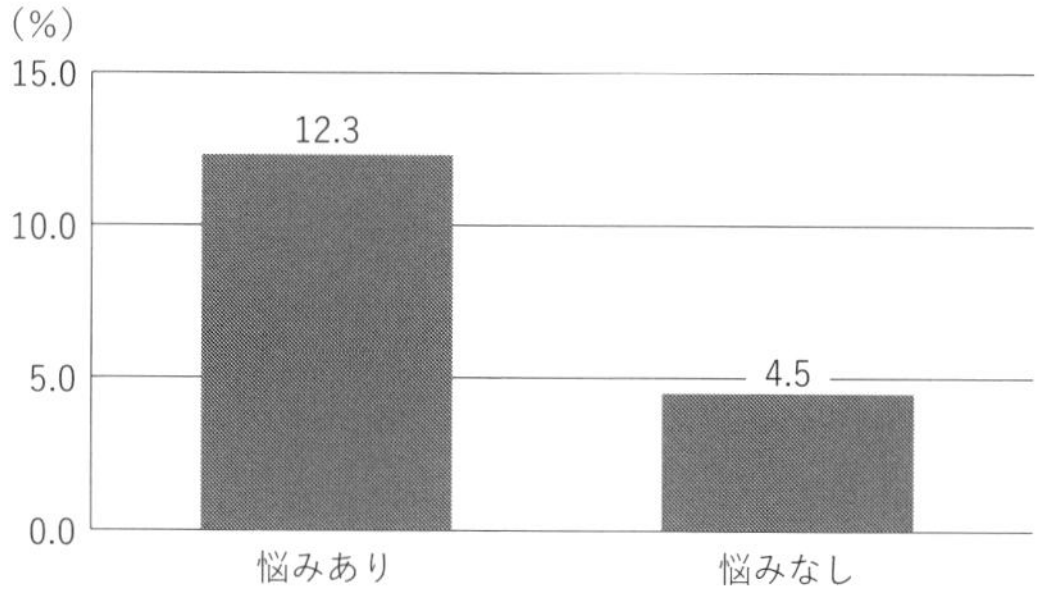

図3　家の経済状況についての悩みの有無別にみた自殺念慮の経験率
注：n=1121。カイ二乗値＝6.505（p<0.05）。オッズ比＝3.013。

社会調査が示す「格差と自殺」

次に、中学生・高校生に対する質問紙調査（アンケート）の結果から、家庭の経済状況と自殺との関連をみていきます。「NHK中学生・高校生の生活と意識調査」（2012年）は、中・高生の自殺念慮（自殺したいと感じたこと）や家の経済状況についての悩みの有無を尋ねており、その基礎的な分析結果を紹介します。[注7]

図3には、家の経済状況についての悩みの有無別に、自殺念慮の経験率を示しています。家の経済状況についての悩みがある中・高生の自殺念慮の経験率は12・3％です。一方、悩みがない中・高生の自殺念慮の経験率は4・5％に過ぎませんでした。

ただし、家の経済状況は、住んでいる地域や通っている学校などとも関連します。たとえば、子どもの貧困率は大都市の方が低く、人口が少ない地域や郡部では相対的に高い傾向があります（阿部 2018）。また、私立学校に通っている生徒の家庭のほうが、公立学校に通ってい

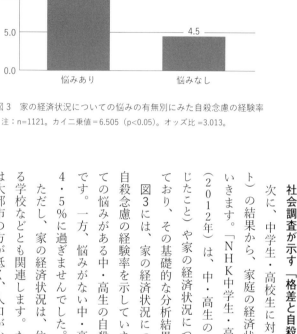

表4　家の経済状況についての悩みが自殺念慮に与える影響

変数	オッズ比	95％信頼区間	
		下限	上限
家の経済状況についての悩み	3.292**	1.450	7.470

注：自殺念慮ありを従属変数とした二項ロジスティック回帰分析の結果。n=1121。**p<0.01。モデルカイ二乗値=17.972(p<0.01)。Nagelkerkeの決定係数=0.049。統制変数には性別(男性ダミー)、学年(中学生ダミー)、学校タイプ（公立校ダミー)、居住地域（大都市ダミー）を用いた（結果は割愛)。

る生徒の家庭よりも裕福な傾向があるでしょう。

そのため、多変量解析という方法を用いて、居住地域や通っている学校のタイプ、さらに性別や学年の条件を揃えたうえで、家の経済状況についての悩みが自殺念慮に及ぼす影響を分析しました（表4）。その結果、家の経済状況に悩んでいる中・高生は、悩んでいない中・高生よりも、約3倍も自殺念慮を抱きやすいことがわかりました。統計的検定の結果、この効果は偶然みられた誤差ではないことも示されています。家の経済状況についての悩みの有無という主観的な指標を用いた結果ですが、官庁統計の分析もふまえると、家庭の社会経済的状況と子どもの自殺の危険性との間には無視できない関係がありそうです。

5 自殺研究者と学校関係者の連携に向けて

子どもの自殺については、どうしても親子関係の問題や学校の問題と結びつけられがちです。たしかに、それは間違いではないですし、良好な親子関係を築くことや、学校を子どもたちが安心して学ぶことのできる場にすることはとても大切です。しかし、日本における「子どもの貧困」の深刻さが認知されつつある今日、子どもの自殺についても、狭い意味での「家庭問題」「教育問題」としてだけでなく、「福祉の問題」として理解する必要があるのではないでしょうか。

たとえば、コロナ禍においても児童・生徒の自殺は増加を続けています（警察庁「自殺統計」）。もちろんその原因は1つではありませんが、コロナ禍による景気の低迷により、家庭の所得が減少したり、保護者が失業したりした子どももいるはずです。このような要因にも注目して、子どもの自殺増加の原因を研究することも大切だと考えています。私自身も、主に官庁統計の分析から、コロナ禍が子どもの自殺の危険性に与えた影響を探っていくつもりです。

大人の自殺と同様に、子どもの自殺の原因も複雑かつ多様です。子どもの自殺を防止するためには、教師、スクールカウンセラー、スクールソーシャルワーカー、そして自殺研究者が連携し、子どもの自殺を多角的に理解する努力が求められているといえます。

※本稿はJSPS科研費JP18K12957の助成を受けたものです。また、東京大学社会科学研究所附属社会調査・データアーカイブ研究センター SSJデータアーカイブから「NHK中学生・高校生の生活と意識調査 2012」（NHK放送文化研究所 世論調査部）の個票データの提供を受けました。

注

1　本稿では十分に議論できませんでしたが、２０２０年の自殺者数は２０１９年から増加しており、今後の自殺動向は予断を許しません（警察庁「自殺統計」）。

2　もう少し年齢層を広げてみても、日本では15～34歳の死因のトップが自殺という状態が長らく続いています。なお、日本以外の主要先進国（Ｇ７）では、15～34歳の死因トップは「事故」となっています（厚生労働省 2020）。

3　あくまでも大まかな推移を示すことが目的ですので、本稿では自殺死亡率を計算する際の分母として、「小学校・中学校・高校の在籍者」を用いました。そのため、特別支援学校などに在籍している児童・生徒の人口は含まれていません。図２の自殺死亡率は概算であることを断っておきます。

4　２０１９年の自殺者数は、小学生８人、中学生１１２人、高校生２７９人でした。中学生・高校生ともに、１９９０年代初頭よりも自殺者数は倍増しています。

5　ただし、いじめ被害を受けた子どもは、自殺の危険性が高いことはさまざまな研究によって明らかにされています（King et al eds. 2013 [訳 2016]）。いじめのない学校環境をつくることは自殺防止にとり重要です。

6　年齢の分類が5～14歳、15～44歳、45～64歳、65～79歳、80歳以上になっているため、5～14歳の結果を紹介します。

7　調査の詳しい説明は、ＮＨＫ放送文化研究所編（2013）をご覧ください。

文献

阿部彩（2014）『子どもの貧困II——解決策を考える』岩波書店
阿部彩（2018）「日本の相対的貧困率の動態——2012から2015年」科学研究費助成事業（科学研究費補助金）（基盤研究（B））「「貧困学」のフロンティアを構築する研究」報告書

Durkheim, É., 1897, *Le Suicide,* Félix Alcan.（宮島喬訳（1985）『自殺論』中央公論新社）
平野孝典（2020）「若年層における雇用不安定化と自殺」大村英昭・阪本俊生編『新自殺論――自己イメージから自殺を読み解く社会学』青弓社、151〜175頁
伊藤茂樹（2013）『「子どもの自殺」の社会学――「いじめ自殺」はどう語られてきたのか』青土社
King, C.A., Foster, E.F., Rogalski, K.M., 2013, *Teen Suicide Risk: A Practitioner Guide to Screening, Assessment, and Management,* Guilford Press.（高橋祥友監訳　高橋昌・今村芳博・鈴木吏良訳（2016）『十代の自殺の危険性――臨床家のためのスクリーニング、評価、予防のガイド』金剛出版）
厚生労働省（2020）『令和２年版 自殺対策白書』
ＮＨＫ放送文化研究所編（2013）『ＮＨＫ中学生・高校生の生活と意識調査２０１２――失われた20年が生んだ〝幸せ〟な十代』ＮＨＫ出版
岡檀（2013）『生き心地のいい町――この自殺率の低さには理由がある』講談社
ユニセフ（2020）「ユニセフ報告書『レポートカード16』先進国の子どもの幸福度をランキング　日本の子どもに関する結果」
https://www.unicef.or.jp/report/20200902.html#annagromada（２０２１年１月29日閲覧）

10

学校の中に対話の場をつくる

～修復的対話への希望～

郭 理 恵

かく・りえ

1975年大阪生まれ。NPO法人修復的対話フォーラム理事。社会福祉士。小・中・高校でのスクールソーシャルワーカー、大学でのスクールソーシャルワーカー養成を経て、フリーランスに。持続可能な環境と子どもの育ちにおける対話の場の創出に関わる活動を行う。主な著書に『スクールソーシャルワーカー実務テキスト』（編著、学事出版）など。

1 〝私〟というアイデンティティ

私は、学校現場に対話の文化を根付かせていきたいと考えており、本稿では、「修復的対話」について紹介します。でもその前に、私のアイデンティティについてふれておきたいと思います。そのことが、学校現場にこそ修復的対話が必要なのではないかと思うようになったことと関係しているからです。

外国籍の子ども時代と学校生活

子ども時代の記憶はあまりありませんが、生まれたときから虚弱体質で、自宅で過ごすことが多く、幼稚園や小学校も3年生くらいまではあまり行けていなかったと親から聞いています。幼稚園の頃の記憶として残っているのは、園を抜け出して公園で遊んでいてひどく怒られたこと、欠席が多くていつも発表会のダンスの練習についていけなかったこと、そして、月に1回の絵画の日が大好きだったことです。その幼稚園では一人ずつに立派な絵の具セットが与えられていて、絵画の日には教室の一面にブルーシートがひかれて、一日中、絵を描いて過ごしたことを覚えています。

私は在日コリアン3世です。親から家族のルーツについて知らされたのは小学校の3、4年生のときでした。当時、あまりピンときていなかったと思うのですが、その後、参加した在日の子どもが集うサマースクール「ハギハッキョ」では、私が通う小学校には、当時、私以外には在日の子どもはいなかったようで、他の地域のように付き添いの先生もなく一人きりで、興味もない朝鮮半島の言葉や歌や踊りを学ばされるのは苦痛でしかありませんでした。さらに、夏休み後に担任の先生から職員室に呼び出されて「ハギハッキョ」でのことを聞かれたり、進学の書類には民族名を書くがゆえに別室で書かされたり、なにかにつけ、ルーツに関することは「こっそり」扱われることを子ども心に感じていて、今思えば、「在日であることは隠しておいたほうがいいけれど、民族の誇りは持たなければならない」という歪んだメッセージを受け取ってしまっていたように思います。

高校に進学すると、在日の友人もできて、自然とルーツを隠す必要がなくなりました。けれど、大学進学に際して、国籍により職業選択に関するさまざまな制限があることを知ります。在日が社会に出て仕事をするためには医者か弁護士になるしかない、という言葉もよく耳にしていましたし、当時の私は、将来、日本から出ることばかりを考えていました。日本社会から、日本で生まれ育った私自身の存在を全否定されているような感覚を常に持っており、おまけに、国籍のあった韓国という国への当時の日本社会のイメージも私自身のイメージも悪く、アイデンティティの置き場所がどこにもありませんでした。現在のような韓流人気に伴う肯定的なイメージの一新は、まだ想像もつかない時代でした。

ルーツ探訪

語学系の短大を卒業して会社勤めを始めてすぐに、父が脳卒中で右半身の機能と言語を失いました。父の治療とリハビリテーションを通して、少し大げさですが、与えられた生命を自分らしく生き切ること、という壮大なテーマが目の前にやってきたように感じていました。それから数年後、大学に編入し、社会福祉士の実習に出たり、国内外でさまざまなワークショップやワークキャンプに参加したりして見聞を広げることになります。

私にとって一番の転機となったのは、自身のルーツである韓国へ渡り、韓国ユネスコが主催するワークキャンプに参加し、北朝鮮から脱出してきた子どものためのオルタナティヴスクールで過ごした経験でした。子どもたちに英語を教え、オープンマインドを育むことを目的としたプログラムでしたが、子どもたちはすでにオープンマインドで、素直で明るく、よく遊ぶ子たちでした。彼らだけで何か月も歩いて逃げてきたことや、両親といつ再会できるかわからないことを折に触れて話してくれたことで、私は、彼らが抱える事情を生み出した朝鮮半島の歴史と未来にも目を向けていくことになり、その体験は私自身のルーツを知ることそのものでもありました。

さらに、プログラム後、ホームステイさせていただいたユネスコの職員さんから、日本社会から差別や偏見というものをなくしたいのであれば、そのことについて、まず、私自身が日本の人と冷静に対話できるようになることが必要だということを教わりました。後に、NVC（ノンバイオレンスコミュニケーション）（ローゼンバーグ 2012）を学び始めたときに知った、「世界が変化するのをみたいのであれば、自分がその変化になる」というマハトマ・ガンジーの言葉にも重なる、私が私自身にまっすぐに目を向ける大きなきっかけになった教えです。

ルーツをツールに

帰国後、民族団体にも関わるようになり、同じルーツを持つ人とのつながりを得て、小学校の頃はあれだけ苦痛だった朝鮮半島の歌や踊りや楽器に親しみを感じ学ぶようになりました。さらに、その後は何度も韓国へ渡航する機会があり、外国人登録証に記載されていた、祖先が暮らした地域にも足を運び、現地に友人もできました。アイデンティティの重要条件の一つと思い込んでいた韓国語は一向に上達していませんが、今では非常に身近な言語になっています。そして、私自身のアイデンティティは、私がいるところにいつも置けることを知ってもいます。

その後、私は社会福祉士を取得し、スクールソーシャルワーカーとして働き始めるときを境として、日本名から民族名に日常での使用を切り替えました。社会福祉士の登録が、戸籍に記載されている民族名でしかできなかったことがきっかけでしたが、ルーツに悩む人たちと出会いやすくなるのではないかという理由もありました。「ルーツをツールに」とは、初めてできた在日の友人が私に教えてくれた言葉です。

2●●●修復的対話の世界へ

やりがいと苦悩

私は2004年に学校現場での活動を始めました。社会福祉を学ぶかたわら児童養護施設でボランティアをしており、施設入所に至るまでにもっと地域から家庭支援ができないものかと考え、地域の子どもであれば誰しもが来ることのできる公立の小学校で、子どもを支援する活動をしたいと思うようになったのがきっかけです。翌年から大阪府のスクールソーシャルワーカー活用事業が始まり、まさに追い風が吹いたタイミングでもありました。

現在、私自身はスクールソーシャルワーカーとしての現場からは離れましたが、当初始めた頃は週に2回は配置校にいましたので、学校職員の一員として、子どもたちだけではなく、保護者や学校に出入りされている地域の人たちとの交流を持つことが自然にできていました。

喧嘩やトラブルが頻発するクラスでは、担任の先生と相談して、授業のコマに合わせてコミュニケーションについて学ぶグループワークを実施することもありました。ほかにも、学級崩壊を心配する保護者のサロンを学校の空き教室を使って開いたこともありました。さらに、地域の不登校の親の会や発達障がいの子どもを持つ親の会、民生児童委員の集まりに参加したり、自治体に親子キャンプの企画を提案したりもしていました。グループワークのファシリテーションという自分の強みを生かせることが仕事へのやりがいにつながっていました。

一方で、学校現場での実践を通して、いつも気になっていることがありました。それは学校の教職員と保護者、本人などの人間関係の悪化が、ケース対応を困難にさせるという実態です。また、問題そのものは解決したようにみえても、トラブルに巻き込まれた当事者が本当の意味で受けた傷を癒せているかは疑問であると感じてもいましたし、なによりも子どもたちが自分の思いをどこまで表現できているのか、ということが気にかかっていたのです。また、人間関係の悪化の背景には、さまざまな行き違いによる誤解や当事者の傷つきなどがありますので、その解決策を知りたいと思っていました。

修復的対話との出会い

そんなときに出会ったのが「修復的対話」です。後にNPO法人修復的対話フォーラムを設立する山下英三郎さんが講師を務める研修会に参加したのがきっかけでした。「修復的対話」とは、長く、国内外の司法の分野で研究と実践がなされてきた「Restorative Justice」（以下、RJ）を日本の教育現場で馴染みやすいよう山下さんが日本語訳されたものです。その名の通り、対話による修復を意味します。この「修復」にはさまざまな意味が内包されており、各自の「正義」に固執することから争いは生まれ、だからこそ、その「正義」のあり方を修復していく必要があるとされています。

研修会では海外のRJ実践紹介と、学校内での子ども同士のトラブルを修復的対話の手法を使って話し合いを進めるロールプレイの演習が行われました。その演習で私は加害役の子どもを演じたのですが、皆から責められる心細さや怒りのようなものを感じたことを記憶しています。実践レベルでの難しさがあると感じたものの、大きく印象に残りました。

数年後、私は研究テーマを「修復的対話」に定め、山下研究室で学ぶことになります。山下研究室では、諸外国での調査を終えたばかりで、日本への導入のために、「修復的対話」の教材を作ることになっていました。私はその教材動画に「コンファレンス」のファシリテーターを務めるスクールソーシャルワーカーとして登場することになります。

修復的対話の構成と進行

修復的対話には「サークル」と「コンファレンス」があります。「サークル」は日常的な場面で、RJの理念と価値、手法を身につけるためのグループワークで、「コンファレンス」は、被害と加害が明らかである事象について関わる当事者が参加し、対話を通して関係性の修復を目指すための話し合いをする場を指します。さらに、日常の場面で、被害と加害が明らかでない事象について扱う「ファミリーグループカンファレンス」があります。

修復的対話では、場の設定としてテーブルを置かずに、参加者は輪になって座ることになっています。お互いの顔と体が遮るものがない状態で均等に座っていることで、場に安心の空気を作り出す効果があると言われています。輪の中央には、そのグループを象徴するような物を置くこともあります。

そして、ファシリテーターが場の進行を務めます。「サークル」のファシリテーターは「サークルキーパー」と呼ばれますが、場の進行役であるとともに、参加者でもあります。サークルキーパーは、ＲＪの理念と価値につながる話題をグループに投げかけますが、必ず最初に話すことになっていて、対話のモデルを示す役割があります。一方で「コンファレンス」のファシリテーターも場の進行を行いますが、中立の立場で個人的な意見は述べないことになっています。

進行のスキルとしては、サークルでは「トーキングピース」と呼ばれる物がサークルキーパーから順番に時計回りで回ってくると自分の話をするということになっているので、特にスキルは必要ありませんが、コンファレンスには高度なファシリテーションスキルが必要とされます。

3 修復的対話を深く知るために

対話の源流

修復的対話には、世界各地の先住民が古来より大切にしてきた、人は森羅万象を含むすべてのつながりの中で生かされているという世界観があります。一つ一つの生命が宇宙の均衡を保っていると考えられているのです。それゆえに、人と人との間に起こるトラブルはコミュニティ全体の均衡を壊し、そしてコミュニティ同士のトラブルはさらに大きな世界の均衡を壊すと信じられていました。コミュニティの人々が離れ離れになっていくこと、紛争で命そのものを失ってしまうことは、部族の消滅をも引き起こします。また、精霊や魂などの目に見えない存在を大切に扱う人々にとって、争いの記憶やエネルギーそのものが世代間にわたって人々を苦しめると固く信じられていました。だからこそ、彼らにとっての平和の法の目的は「問題解決」なのではなく、物事を「適正化」するという発想が根底にあり、トラブルが起こったそのときに、つながる人、一人ひとりがその出来事から受けた影響から自分自身を癒し、均衡を取り戻す必要があるとされていました。対話は世界中の先住民が、コミュニティ内での平和と存続を維持するために昔から用いてきた知恵です。

かつて、フィリピンの山岳地帯の人たちは、「ピースホルダーパクト」によって、部族間の闘争の激化を防いできました。また、北米のネイティブアメリカンのナバホは「ピースメーキング」という独自の裁判の方法を合衆国の州法と並べて現在も維持していますし、ハワイの先住民の「ホ・オポノポノ」は家族療法の一つとして、現地のソーシャルワーカーもその実践に活用しています。日本のアイヌには「チャランケ」がありました。「チャランケ」は、揉めごとが起こったときに、その当事者が地域の人々の前で自分の意見を主張する場なのですが、議論のような言葉の応酬ではなく、旋律にのせた歌のような表現方法だったと言われています。また、不慮の事故が起こったときなどは、自分たちを守ってくれているはずの精霊に対して、「チャランケ」を行うこともあったようで、アイヌの中ではこの「チャランケ」ができることが一人前の成人になった証とされていました。

対話の源流について調査することは、私にとってはいまやライフワークの一つです。各地の先住民の歴史や文化を辿る中で、私自身が生きるうえで大切な多くのことを学んでいます。まさに修復的対話の理念と価値の源流なのだと思います。このような民族固有の知が、時代が変わっても語り継がれ、現代社会の中で新たに芽吹き、実践が続いていくことを望んでやみません。

カブトムシとクワガタのおしあいっこ

共に修復的対話のワーキングに参加した友人から聞いた素敵なエピソードがあります。現在、彼女の息子は4歳で、森の幼稚園に通っています。そこで出会った大好きなお友達（Xくん）と息子（Y）との関係が最近ギクシャクしていることが、彼女はずっと気になっていました。

ある日、Xくんが家に遊びに来て、子どもたち2人でお風呂に入ることになったのですが、Yが一方的に誘っているように感じて気になり様子を覗いてみると、Yが空のケチャップの容器にお湯をいれてXくんにかけているところでした。遊んでいる雰囲気ではなかったので、Yに「自分がやっていることがどういうことかわかっている？」と声をかけると急に怒り出したので、先に外に出しました。その後、Xくんに「最近、Yからなにか嫌なことされてた？」と聞くとうなずいたため、2人の間に何かが起こっていることを確信し、「お風呂を出てから3人で話そう」とXくんに声をかけました。

こうして、XくんとYと彼女との3人での対話が始まります。彼女が「Yの気持ちの中で何が起こっているの？」とYに改めて尋ねると、Yは、「Xくんと遊びたかった。最近、Xくんはずっとカエルとりばかりして、戦いごっこをやってくれなくなった。一緒に遊んでほしかった」と言いました。彼女はYの言葉をきいて、YがXくんにいじわるをしているとしか見ていなかった自分自身に気がつきます。そして、「YはXくんのことが大好きだけど、一緒に遊べなくなって悲しくなって怒っているの？」と改めて尋ねるとYはうなずきました。続けて、「Yには『一緒に遊びたい』という気持ちがあるのに、怒る気持ちがでてきていたんだね。けど、最初にいじわるしたりすると、その本当の気持ちが隠れてしまって、お友達には違うように伝わってしまうよ」とYに伝え、このやりとりを聞いていたXくんに、「Xくんは本当はどうしたかったの？」と尋ねました。すると、Xくんは「ハグしたかった」と答えたので、「XくんもYのことが好きなんだね」と確認したところで、3人での対話を終えました。

その後、2人は『カブトムシとクワガタのおしあいっこ』という2人が以前とても仲良しだったときに作った遊びを久しぶりに始めていました。それは、ひとりはカブトムシ、もうひとりはクワガタで、お互いの鼻とおでこをくっつけあう遊びです。

最後に、彼女はこんな感想を添えてくれました。「親として、相手の親御さんどう思っているかすごく気になったりもするけれど、大人がでしゃばらずに通訳者として必要なことだけをすれば、こんなことが起こるんだなと思うし、謝りなさい、とか、なんでそんな意地悪なの？とかで片付けてしまうのは、すごくもったいないことしてるかな、と思います」。

すべての人が対話の実践者として

このように、わずか3、4歳の子どもでも、大人の関わり方によって、自分の気持ちを表現し、これからの行動をどうしていきたいかを考えることは可能です。「そんなことをしてはいけない」「あの子とは遊んではいけない」といったような一方的な指示ばかりがなされてはいないでしょうか。

このエピソードは、子育ての場で親がファシリテーターとなり実践された「ファミリーグループカンファレンス」です。「ファミリーグループカンファレンス」では、ファシリテーターが対話を導きます。対話のルールはサークルと同じです。場面によってトーキングピースを使えるときと使えないときがあるかと思いますが、誰かが話しているときに話をさえぎることがお互いにないことをファシリテーターは意識し、ルールが守られていない場面では注意を促します。

話の引き出し方は、「なにがあったの?」「なにを感じているの?」「これからどうしたい? どんなことができる?」といった質問を用います。ファシリテーターはどちらが良いか悪いかを決めたり、謝罪や許しの強要といった行動の指示をしたりはしません。このように、関わる大人が問いを変えるところから、修復的対話の世界は始まります。

4 修復的対話の実践に向けて

学生とのＲＪサークル

私自身は大学教員として学生たちと授業内でたくさんの「サークル」を行ってきました。授業なので、学生たちにサークルに参加するかしないかの選択権を渡せないのはＲＪの理念に反しているのですが、私の演習の授業に参加した学生で、私がトーキングピースとして使っている金魚のぬいぐるみを知らない学生はいません。

サークルは、自分自身の意識を内側に向けるために軽く目を閉じて呼吸を整え、「自分との静かな時間をすごす」ことから始まります。マインドフルネスの時間です。そして、トーキングピースと場の進行について説明します。トーキングピースにはサークルキーパーが大切にしている物を使います。「私が大切にしている物をあなたにも大切に扱ってほしい」というメッセージが込められた場の進行のためのツールです。さらに、「トーキングピースを持っている人が話す」「お互いを尊重する」「批判しない」「パスしてもよい」という、ＲＪの理念に基づき私自身が学生のためにアレンジしたサークルにおける４つのルールを示します。

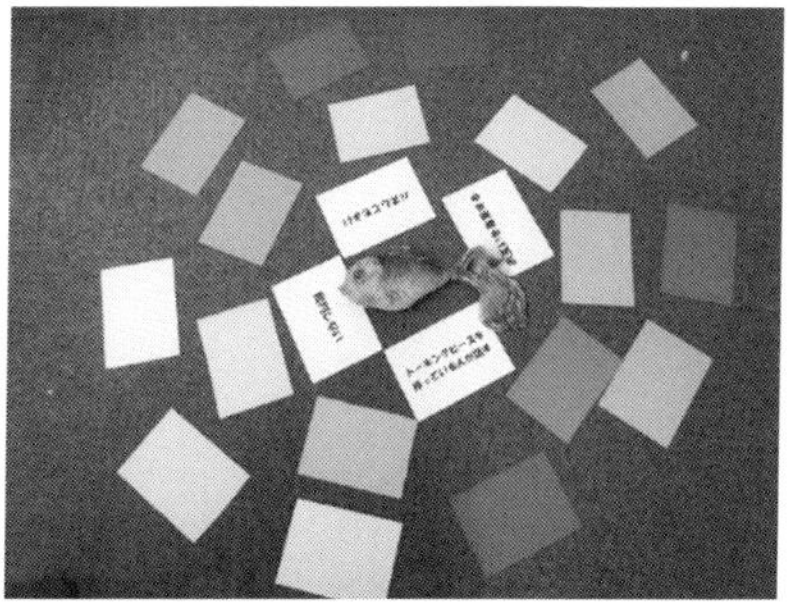

色のワーク

修復的対話では他の誰かの話をするのではなく、自身の物語を語ります。多くの場合、演習の授業の１回目は自己紹介ですからちょうどいいのです。好きな食べ物や音楽や映画などについて話してもらったり、写真のような色のカードを使って今の気分を述べてもらったりということをします。

その後も毎回、最初の15分間はサークルを実施し、トーキングピースの扱いに慣れてきた頃に「尊重」「平和」というRJの理念・価値に関するテーマについても取り上げます。そうして、授業の半分のコマが過ぎた頃には、私が金魚を持ち出すと、自然と学生たちはサークルのルールを思い出すようになります。お互いを尊重する場を自分たちが作るためのルールです。学生たちが「修復的対話」という名称を記憶しているかどうかは怪しいのですが、「金魚回すやつ」と呼ばれています。

自身の真実を語ること

「修復的対話」の「サークル」には、一般的なグループワークでよくされている、発言後の拍手がありません。ファシリテーターによる受容的なコメントもなく、発言への促しもないという、ないないづくしのグループワークです。このようなサークルでは、グループワークが苦手な学生もどんどんとくつろいでいくようです。トーキングピースは必ず回ってきますが、何も語らずに隣の人に渡しても、誰からも何も言われないし、突然に発言者として当てられることもないので、緊張して自分の番を待つ必要がないのです。その安心感からか、トーキングピースが何周か回るうちに、不思議と口を開き始めるのです。

話すことが苦手だという学生がいます。人からの反応を極度に恐れている学生がいます。私はそんな学生に出会うたびに、人から指示され、ジャッジされることにさらされ続けてきたことを感じます。発言してもしなくてもよくて、ほめられることもけなされることもない、ただ、そこに在るだけでよい、真実を口にして良いという体験を積んでいくことの大切さを思います。一方で、人の話を落ち着いて聞くことができない、話されていることに意見を言いたい、話をさえぎりたい等、人の話を聴く、という練習が必要な学生もいます。いずれにせよ、サークルはトーキングピースを使った、対話の基盤を身につけるための学びの場です。

5●●●学校現場に対話の場をつくる

海外でのＲＪ実践調査

海外の学校では、修復的対話のサークルがすでに日常的に取り入れられています。

北アメリカの教育現場でＲＪが導入された背景には多民族国家であること、そして、ゼロトレランスに基づいた生徒指導への反省があります。ＲＪは母語とする言語、文化、生活習慣や宗教までありとあらゆることが異なる子ども同士が互いを尊重しあい、誰にとっても安全な学校とするための希望の種です。また、ゼロトレランスに基づく出席停止や警察の関与によって多くの子どもたちが学校現場から排除されてきましたが、実際にゼロトレランスからＲＪに転換した州で問題行動や退学が激減したという結果が出ています。

北米ミネソタ州の教育現場へＲＪの調査に行った際に参加したある先生のクラスの授業は、子どもたちを輪になって座らせて、サークルの要素をちりばめたスタイルで進められていました。先生は授業の合間に子どもたちに意見を聞くのですが、サークルのルールがすでに身についている子どもたちは、自分の番が回ってくると自然に意見を述べていました。この学校では、各クラスの取り組み以外にも、月に1回、学年を縦割りのグループに分けたサークルを実施していました。

ミネソタ州の教育庁のよるパイロット事業としてＲＪを導入した学校現場では、ＲＪのトレーニングを受けた人材を学校現場に常駐させて、教員へのトレーニングのかたわら、子どもたちに向けたＲＪの取り組みが行われていました。いくつかの学校を訪問しましたが、各教員はもとより、スクールカウンセラーやスクールソーシャルワーカー、中には学校長が実践されている学校もあり、導入の方法はさまざまでしたが、この視察での経験が今の私の実践の方向性を定めていきました。

修復的対話の導入に向けて

「修復的対話」は日常の場面で対話の基礎を学ぶ「サークル」とコンフリクトを解決するための「コンファレンス」で成り立っていることを紹介しましたが、学校現場で「コンファレンス」だけが調停のための手法として部分的に扱われることは、私が一番危惧していることです。研究を始めた頃は、私自身も「コンファレンス」ばかりに目がいっていましたが、人と人との関係性の修復のために、Aをやって Bをやったら Cになる、という方程式は存在せず、人間関係の土台となる人への尊重と信頼を育むことが第一だと考えるようになりました。

ミネソタでの調査の折に、私たちは現地の教育庁のRJ担当者から、学校現場にRJを導入するためにアメリカの実践家たちが出版した一冊の手引書を手渡されました。そこには、「教室で生徒と共にサークル実践を確立するのは、担任教師が思いやりと尊重のクラス文化の創造にとりくむことから始まる」と記されています。「サークル」において、RJの理念に基づく対話の理解には6～8週間かかる（Armstrong）と言われています。このような対話の土台がしっかりと根付くことで、葛藤（コンフリクト）が起こった際の話し合いが成立するのです。

このような学びから、子どもたちの教育の場である学校での修復的対話の導入については、日常の場で行う「サークル」と「ファミリーグループカンファレンス」を組み合わせていくことがより現実的だと考えるようになりました。

日本の学校現場への提案

私は、日本の学校においても、子どもたちが最も深く帰属するクラスの中で、担任の先生が修復的対話を日常の場面で導入することを提案しており、すでにいくつかの学校で実践がはじまっています。対話の基盤について「サークル」を通して子どもたちと共に学ぶこと、そして、日常の場面で起こったトラブルに「ファミリーグループカンファレンス」の手法を用いた対応を行うことは、子どもたちにとっては、人間関係における大切な要素を学び、問題解決のスキルを身につけ、なにより、自分たちで安心安全な環境をつくっているという自信とクラスへの帰属意識を生み出すことにもつながります。

クラスでの取り組みにＲＪの要素がちりばめられていること、そういったことを通して対話の文化がクラスの中で育まれ、その学校の文化となっていきます。さらには、修復的対話が学校のみならず地域全体に根ざした文化となること、そして、すべての人が平和的なコミュニケーション、対話について考え、学び、その実践者になることが私の理想とするところです。

文献

マーシャル・B・ローゼンバーグ（2012）『NVC人と人との関係にいのちを吹き込む法』日本経済新聞出版社

Carolyn Boyes-Watson（2015）*Circle Forward*, Valley of Books

山下英三郎（2012）『修復的アプローチとソーシャルワーク——調和的な関係構築への手がかり』明石書店

11

子どもの権利条約を子ども自身に届ける

～絵本を取り入れた出前授業～

金澤ますみ

かなざわ・ますみ

1977年生まれ。桃山学院大学社会学部准教授。社会福祉士。スクールソーシャルワーカーの活動経験をもとに、学校という場の可能性について研究。主な著書に『学校という場で人はどう生きているのか』（共著、北大路書房）、『スクールソーシャルワーカー実務テキスト』（共編著、学事出版）、『教える・学ぶ――教育に何ができるか（シリーズ・子どもの貧困③）』（共著、明石書店）など。

1 ●●● 私と学校

理由が知りたいだけなのに

私は幼い頃から、いろんなことに疑問を抱く子どもでした。「どうしておとなは煙草を吸っていいの？」「どうして子どもは早く寝ないといけないの？」。どうして、どうして？

そういう性格でしたので、学校年代になると、「学年ごとに子どもに尋ねられることなく変わるクラスのルール」や「校則」に対して「心の中で、ハテナ？」が飛び交うようになります。特に中学校の校則は厳しくて、髪の長さ、髪の毛をむすぶゴムやピン止めの色も決められていたのですが、その理由が「中学生らしさ」としか書かれていない生徒手帳にモヤモヤしていました。この頃には、「どうして？」という問いは、素朴な疑問ではなく、「納得できる理由やルールがほしい」という自分の中の明確な意思に変わっていました。でも、そのことにアクションを起こせるタイプではありませんでしたので、与えられたルールを、ただただ守りながら学校生活を送る自分にもモヤモヤしていたのだと思います。

物語の中の代弁者

そんな私の拠り所になったものに、本や絵本、漫画、テレビアニメがあります。物語に登場する人物たちは、私のモヤモヤした思いを代弁してくれる存在でもありました。

その1つに漫画『すすきのみみずく』があります。主人公の望江は受験を控える高校3年生。望江は親友で成績トップの悦子と同じ大学に入るために勉強をがんばっていました。その悦子が自殺未遂を図ります。お見舞いに駆けつけた望江に悦子は言います。「望江より頭のいいあたしがなぜ同じ大学なの？（略）あんたに負けるくらいなら死んだほうがまし」。実は悦子の成績は下がり続けていたのです。そして、悦子はつぶやきます。「あたしたち／なんで／勉強するんだろう」。お見舞いの帰り道、望江は悲しみに暮れながら思います。「あたしたちには校則がある／それは暗黙の規則／学生は学業を本分とし／けしてそのことに／疑問を投げかけてはならない／言葉にしてはいけない」[注1]。この物語は、私が高校生だった1993〜1995年に『別冊マーガレット』という雑誌で連載された漫画です。悦子の疑問や望江の憤りと同じような思いを持っていた私は、自分の気持ちを代弁してくれる彼女たちの言葉にとても共感したことを覚えています。

その後、私は大学生になり児童福祉を学ぶ中で「子どもの権利条約」に出会います。条約の第12条「意見を表明する権利（意見を聴かれる権利）」では、学校にかかわることだけではなく、子どもが自分に関係することについて意見を表明することが権利として認められていることを知り、それまでの自分を肯定されたような気がしました。

子どもの力を信じる

それから約10年後の2005年に、私はスクールソーシャルワーカーになりました。いまでは、学校の教職員には、ソーシャルワークの視点で子どもが抱えている課題の背景に何があるかを見極め、子どもの「SOS」に気づくことが求められるようになりました。子どもを取り巻く環境に目が向けられるようになったことは、とても重要だと思います。

一方で、私はスクールソーシャルワーカーとして活動をする中で、子どもが課題を抱えてから「背景にある何か」に気づくというアプローチだけでは、子どもが危機に陥ることを防げないという悩みにぶつかりました。そこで「子どもが、身近な先生やおとなに、直接SOSを出せないのはなぜか」、その要因を考え、子どもの力を信じて、学校という場だからこそできるアプローチがあるのではないだろうかと思うようになりました。

そうして現在、スクールソーシャルワーカーが教職員と取り組むワークショップとして、子どもの権利条約を子ども自身に届ける「相談する力を育む授業」「尋ねあう関係を築く授業」を提案しています。本稿では、その取り組みを中心に紹介します。

2●●●子どもたちが、先生に相談できない学校構造

そもそも、日本の学校の中には、「ただ、休憩する。おしゃべりをする。ゆっくりすごす」ような、目的のない場所がほとんど存在しません。職員室、進路指導室、保健室等、子どもがその場所

に行くためには何らかの理由が必要です。また、目的のある場所も、「生徒が相談するための部屋」ではない場合がほとんどです。さらに、学校の仕組みとして、子どもたちが「休憩するための時間」というのがほとんどありません。授業と授業の間の「休憩時間」は5分や10分と短いことから、休憩というよりは、次の授業の準備のための時間になります。そのため、子どもと教員が文字通り「休憩」をとりながら雑談するという場がなく、日常会話の中で素朴に日々の「困りごと」が語れるというような空間と時間が保障されていないのです。

そのため、子ども自身が、「困ったな、どうしようかな」と思ったときに、素朴にそのことを自ら相談できる場所が学校の中に存在しないのです。私が、スクールソーシャルワーカーとして「何かあってから」出会った子どもたちからも、「先生といつ話ができるかわからない」「話ができたとしても、そのあと、先生から返事がもらえるのかわからない」「家のことを相談しても仕方ないと思っていた」という声をよく聴きました。

ただし、教員が子どもたちの相談にのってこなかったということではありません。日本の学校現場では、子どもが相談できる場所として、その役割を事実上果たしてきた場所として保健室があり、養護教諭の存在の意義がとても大きいのだと思います。けれども、どの学校の養護教諭も、子どもの話をもっと聞いてあげたいという気持ちと、相談を聞くことにのみに時間をとれない職種上のジレンマを抱えておられます。また、多くの教員たちは、わずかな休憩時間や放課後、家庭訪問などを通じて、子どもや保護者と話をする時間を調整し、さまざまな「相談」を聞いてこられたと思います。そして、2000年以降からは、スクールカウンセラーも、子どもや保護者の相談を聞く活動を続けています。ただし、スクールカウンセラーの多くも非常勤であり、相談室を常に開けておくことはできません。[注2]

つまり、ここで問題としているのは、子ども自らが相談できる場がないという学校の物理的構造の問題です。このことは、子どもの立場にたつと、「どこに行けば、誰に、いつ、どのくらいの時間、どのような内容の話を聞いてもらえるのか」ということがわからないという、学校内の相談支援環境整備の課題を反映しています。

3●●● SOSが出せる場所

私たちおとなは子どもたちに、「困ったことがあれば、いつでも相談してね」というメッセージを届けがちです。けれども、先のような、相談できる場と時間の保障をすることなしに発せられるメッセージは、子どもたちにとっては、現実味のない言葉として、ただ虚《むな》しく響くだけではないでしょうか。そうだとすると、私たちは、今後、学校の中にも、子どもが自ら相談できる場所や機会を積極的につくっていく必要があります。

私立の学校や大学、海外の学校などには、常勤の教員かスタッフが子ども（学生）の相談を受けることを前提にした部屋が常設されていたりします。その体制自体が、「子ども自らが相談をすること」に価値を置き、意見を表明する権利を保障するというメッセージになっています。もちろん、海外の相談スタイルを日本の学校システムにそのまま持ち込めばよいという単純な問題ではないとも思います。[注3]

そこで、日本の学校現場で、子どもがおとなに相談できる仕掛けを学校の日常に取り入れる工夫をしている取り組みが参考になります。たとえば、学校医と養護教諭が協働して行った、生徒や保護者が対象の「健康相談」の実践[注4]や、母子生活支援施設等の児童福祉施設が校区にある学校で、施設入所に伴う転校生が転入してきた時点で、スクールソーシャルワーカーが教員と一緒に生徒や保護者と面談し、顔の見える関係をつくっている取り組み、[注5]本書で紹介されている学校内の居場所づくりの取り組み（95頁）などがあります。これらの場では、子どもたちが、暮らしの中の困りごとを教員や、その場のスタッフに素朴に語られることが増えています。

これらのことから、私たちは次のような共通認識を持つことが重要ではないでしょうか。１つ目は、子どもたちの援助希求性が低いのではなく、相談先を教えられることがなく、また相談できる機会を保障されてこなかった結果であるとの認識を持つこと。そのうえで、２つ目は、教員が子どもの話を聞くことができる時間の確保や、教員以外の職業の人たちが、学校の中で子どもたちの相談にのることができる仕組みづくりに、きっちりと予算と人をつけていくことです。

4●●● 相談することの価値を伝える方法

「子どもの権利」を知らない子どもたち

さらに、このような学校構造の課題に加えて、スクールソーシャルワーカーになってから知った教育上の課題がありました。それは、子どもたちが、学校教育の中で「相談することそのものに価値がある」ということを教えられる機会が圧倒的に少ないことです。そのことを象徴する子どもたちの声に、「相談しているところを見られたくない」「相談することは恥ずかしいことだと思っていた」というものがあります。これらは、私がスクールソーシャルワーカーとして、つながりができた子どもたちの多くから聞かれた声です。

このように子どもたちが感じてしまう一因に、私は、子どもたちが「自分に権利があるということ」と、「その権利は毎日の暮らしとどのように関係しているのか」、を具体的に学ぶ機会がないということが影響していると考えています。

日本は子どもの権利条約を1994年に批准しています。その後、日本では2016年6月に児童福祉法が改正され、遅ればせながらですが、子どもの権利条約の理念が明文化され、2020年4月からは体罰禁止が明記された改正児童福祉法が施行されています。

しかし、2019年に国際NGOのセーブ・ザ・チルドレン・ジャパンが、日本に住んでいる15

〜17歳の子どもと80代までのおとなの3万人を対象に行った調査では、子どもの権利条約が十分に知られていないことが明らかになりました。「内容までよく知っている」と答えたのは子ども8・9%、おとな2・2%と少なく、「聞いたことがない」と答えたのは子ども31・5%、おとな42・9%でした。[注6]

世界では「子どもの権利条約」に関する知識や情報は、子どもの幸福度を高めたり、子どもへの虐待防止に取り組むうえで欠かせない考え方になっていますが、日本では、条約の批准から25年を経た現在でも、おとなにすらその存在が知られていないのが現状です。

子どもの権利条約と授業の関連

このことは、スクールソーシャルワーカーとして大きな課題だと感じていましたので、何か、学校で取り組めることはないのだろうかと、これまで私が出会ってきた先生たちに相談してみました。そうすると、同じ課題を感じていた方も多く、先生たちがそれぞれの授業で取り入れている工夫を教えてもらうことができました。授業を見学させてもらうこともあり、国語科の物語を扱った対話の授業や、「自分を大切にすること」を授業のねらいにおいた道徳科の授業、安心・安全の空気感に包み込まれた性教育の授業など、子どもの権利条約の理念と直結する授業からは、教育の大きな可能性を学ぶことができました。

私は、授業を見学しながら、このような素晴らしい授業が普遍化されないのはなぜだろうと素朴に疑問を持ったのですが、ある校長先生のお話を聞いたときに腑《ふ》に落ちました。

「私たち世代の教師は、日本が子どもの権利条約を批准する前に教師になっている。かつては、『子どもに意見表明権を教えると、子どものわがままを認めることになる。だから反対だ』という声もあった。でも、反対している人たちの本当の理由はそこではないと思う。私も含め、若い頃は、子どもの権利条約の内容を自ら学ぼうとする余裕もなかった。だから、条約の本質をよく知らなかったし、知らないものを子どもに教えられないという不安があったんだと思う。

私は、ある研修で子どもの権利条約について知る機会があり、これまで私たちが行ってきた授業や行事、生徒指導の中に、子どもの権利条約と直結する取り組みがたくさんあったことがわかった。ただしそれらは『子どもの権利』という文脈で子どもたちに伝えてきたわけではないので、言語化して伝えていくこと、それがこれからの課題ですね[注7]」。

子どもに「子どもの権利＝自分の権利がある」と、伝えること

そうか、なるほど、と思いました。同時に、私自身のスクールソーシャルワーカーとしての活動も振り返りながら、「子どもの権利」ということを、子どもや保護者自身に明確に言葉にして伝えることはできていなかったなあと反省していました。

確かに「子どもの権利」ということを言語化して伝えることがないかぎり、子どもが「自分の権利」として内在化することができません。だから、子ども自身が被害を受けたときに、「他者から

権利を侵害されている」ことに気づけず、相談する場所がない学校構造の課題も重なって、おかしいと思ったことを「恥ずかしがらずに相談する」という行為につながらないのでしょう。それに、誰かに何かを相談できるのは、何かある前につながっているという、それまでに築かれた関係性があるからこそです。あるいは、信頼関係のある人が紹介してくれる人だから、一度は話してみようと思えるのです。それはきっと、おとなも同じです。

そこで、改めて、これから取り組んでいきたいことが浮かんできました。それは、子どもが相談することを恥ずかしいと思わず、自ら相談できるような学校環境の整備と、子どもに子どもの権利条約を直接届けるという活動です。その実現に向けた試みの一歩が、スクールソーシャルワーカーがファシリテーターを務めるワークショップ、「尋ねあう関係を築く授業」「相談する力を育む授業」の提案です。授業では、子どもの権利条約を紹介し、絵本や音楽などを通じて、「尋ねること」「相談すること」の価値を伝え、子どもたちに相談できる人や方法を届けることを目的としています。

この取り組みの手順や授業後の子どもたちの感想などを紹介します。

5●●● 絵本を取り入れたワークショップの試み

教員への相談と事前準備

「尋ねあう関係を築く授業」・「相談する力を育む授業」は、その組み立て案を教員に見てもらい、

表1　ワークショップ実施に向けた教員との打ち合わせ項目

(1) 教員への相談
【1】校長先生への相談。ワークショップ（出前授業）の組み立て案を提示
【2】授業内で使用する絵本の紹介・提案
【3】(後日) 実施学年とクラスごとに実施することが決定（45分授業×3クラス）
(2) 担任との打合せ
【1】授業の目的の共有
【2】授業内で使用する絵本の再確認
【3】当日のパワーポイント内容・配布資料の確認
【4】場所の決定（教室／図書室／特別教室／体育館等）
【5】座席配置・パワーポイントの動作確認
【6】子どもたちに閲覧してもらう絵本の確認・選定
【7】配慮を必要とする子どもについて、情報共有および対応確認
【8】授業には、担任以外にも、可能な先生やスタッフに授業を一緒に参観してもらえるように依頼しておく（教員のほか、校長、教頭、養護教諭、スクールカウンセラーなど）
(3) 授業の実施
(4) 教員との振り返り

表1の手順ですすめます。ここでは、小学校6年生を対象にした「相談する力を育む授業」について紹介します。

（1）私のことをよく知ってくださっている校長先生に、ワークショップの組み立て案（図1）を見てもらい、この学校で実施可能なスタイルや学年について検討があったのちに授業実施学年の先生たちと打合せを行います。（2）授業の目的は大きく2つあります。1つ目は、子どもたちが、困ったときや悩んだときはもちろんのこと、疑問に思ったとき、不思議に感じたときには、おとなに尋ねてよいということを明確に教えるということ。2つ目に、学校の内外にある相談できる場所や利用できる制度を具体的に提供することです。（3）子どもたちには、「相談する力をつけよう！」

をテーマに、次の手順で進めます。①「相談することは、とても大切なこと」「その力をつけるためには、準備が必要であること」を伝えます。②この「準備」とは、「子どもの権利条約の第12条・意見表明権を知ること」「相談できるおとなを探しておくこと」と設定し、③子ども同士の対話、その場に共にいるおとなとの対話が促進されるように、絵本『サマンサのひみつきち』[注8]の朗読を行ったあとに、学校で出会える「相談できるおとな」を探すというワークショップを行います。④学校以外の相談先リストを配ったうえで説明します（図2）。

授業後の子どもたちの声

授業後に子どもたちが書いた感想の一部を紹介します。

「ぼくはサマンサのひみつきちをよんで人にたよることは、はずかしいことじゃないんだなぁと思いました」「少し難しかったけど、サマンサみたいにだれかにたよれる人がいるのはとってもいいなと思いました」「たったひとこと声をかけるだけで、人の気持ちは変わるんだなと思った」。物語をとおして、子どもたちは自分自身とも対話をしているのだと感じます。どんなひみつきちがほしいですかという質問には、次のような記述もありました。

「人があまりいなくて、しんらい出来てそうだん出来る人がいるような場所がほしい。（その理由は）私はつらいことがよくあるけどそのそうだん出来る人がいないのでしんらい出来てそうだん出来る人がいてほしかったから」。ほかにも、子どもたちが疑問に思っていることや悩んでいることを伝えてくれる内容もありました。

このあと、（4）教員との振り返りを行います。授業の実施者が、事前準備から事後の振り返りを教員と一緒に行うことで、子どもたちの声をＳＯＳととらえて、すぐにかかわりを持つことが可能になります。

子どもたちの学校生活を知るスタッフと教員が協働して、取り組むことの意義

私が、この取り組みを通して学んだことに次の4点があります。①事前準備を通して、教職員が、子どもたちが相談しにくい学校環境構造について共通認識を持つことができる、②子どもたちに「相談することは尊いこと」だと伝えることで、子どもたちが素朴な疑問や悩みごとを発信してくれることが増える、③スクールソーシャルワーカーがファシリテートをする授業を、担任、管理職、養護教諭などが同じ教室で見守ってくれることで、子どもたちの新しい姿の発見・共有ができる、④子どもとおとなに「絵本」「音楽」などの共通話題がうまれる。

この取り組みの目的は、「子どもを変える」のではなく、子どもたちが学校内外に相談できる人や場所を紹介することにあります。その観点から考える課題と可能性を整理してみました（表2）。また、目的を具現化するためには、授業にゲストを呼ぶ場合でも、ファシリテーターは、その日だけの「お客さん」ではなく、子どもたちの学校生活をよく知っているスタッフが担当することが望ましいと思います。ある先生からは、「授業の一環として位置づけることで、その可能性は広がる

表2　ワークショップの課題と可能性

課題	可能性
●相談できるおとな／時間／場所を具体的に提供できるか ●おとな同士が支えあっている、相談しあっているモデルを見せられるか ●学校関係者には話したくない子どももいる ●休んでいる子どもへのメッセージの届け方 ●学校以外の支援者に協力を頼めるか	●学校にかかわる多職種協働の可能性（スクールソーシャルワーカー、スクールカウンセラー、スクールロイヤー、学校医、学校図書館司書など） ●小・中・高校等、年代や暮らしの変化にあわせた社会資源を提供できる ●絵本や音楽など、芸術分野との協働

と思います」というコメントをもらいました。

6●●●学校という場の可能性を信じて

紹介した学校で行うワークショップは、子どもの権利条約の第12条「子どもが意見を聴かれる権利」を保障する1つのきっかけとなることを目指しています。そして、子どもが教職員に相談をしたのであれば、私たちはその本人に、すぐに問題が解決できなくとも、「いまの環境が具体的に変わるという体験を届ける責任」があると思うのです。

もちろん、学校という場ゆえの限界もあります。そのことも確認しながら、それでもまずは、子どもの声を聴くための学校環境の整備と教育が、いじめの未然防止や自殺防止、そしてとなから子どもへのあらゆる体罰防止に必ずつながると信じて取り組んでいきたいと思います。

注

1 聖千秋（1994）『すすきのみみずく』集英社、34頁、37〜38頁

2 金澤ますみ（2019）「ソーシャルワークの視点から見た学校構造の課題――なぜ、生徒は先生に相談できないのか」日本生徒指導学会編『生徒指導学研究』学事出版

3 前掲2

4 蜂谷明子（2015）「受診経験がない子ども」『月刊生徒指導 2015年1月号』学事出版、54〜55頁

5 森本智美（2019）「施設入所のために転入する児童生徒を学校につなぐ工夫」大阪府人権教育研究協議会『大人教夏期研実践報告集（No.134）』

6 セーブ・ザ・チルドレン・ジャパン（2019）『3万人アンケートから見る子どもの権利に関する意識』

7 金澤ますみ（2021）「広がれ！子どもの権利条約――子どもが『自分の権利』と出会うとき」『月刊生徒指導 2021年4月号』学事出版、52〜53頁

8 金澤さつき・文／加藤向日葵・絵（2019）『サマンサのひみつきち』私家版のため一般書店での流通はしていない。そのため、現在、ワークショップで活用できるように、作者の協力を得てアレンジ版を製作中。

8.　ふりかえり用紙内容案

6年○組　名前:＿＿＿＿＿＿＿＿＿＿＿＿

①　『サマンサのひみつきち』を読んで(見て・聞いて)、感じたことはどのようなことですか?

②　「あったらいいな」と思う「ひみつきち」はどのようなものですか?

③　②の理由を教えてください。

アンケート:ここに書いてくれた意見を、ほかの学校やお話の会でも、紹介してもよいですか?
名前や学校名はわからないようにします。書いた人が、誰かわからないように工夫します。どちらかを○でかこんでください。

A　紹介してもよい　・　B　紹介はやめてほしい

参考資料:ソーシャルワークと学校教育との接点／子どもの権利条約の具現化

人権教育	国連：人権教育とは、人権という普遍的文化を構築するために行うあらゆる学習、教育、研修及び情報に関する取組み。5(a) **知識及び技術ー人権及び人権の仕組みを学び、日常生活でそれらを実践的に用いる技術を身につける。** 文部科学省：人権教育とは、人権に関する知的理解だけでなく、[**自分の大切さ**とともに他の大切さ**を認めること**]ができるような人権感覚の育成。平成22年度から毎年,「人権教育担当指導主事連絡協議会」を開催し,**「児童の権利に関する条約」等について周知を図っている。**
SOSの出し方教育	「SOSの出し方教育」にソーシャルワークの視点を取り入れる **➡相談するという行為の重要性・具体的な相談先や方法を届ける。**
道徳教育 学習指導要領 (小学校高学年)	A　主として自分自身に関すること：個性の伸長(4),真理の探究(6) B　主として人との関わりに関すること：親切・思いやり(7),相互理解・寛容(11) C　主として集団や社会との関わりに関すること：公正・公平・社会正義(13) D　主として生命や自然，崇高なものとの関わりに関すること：生命の尊さ(19),感動・畏敬の念(20),よりよく生きる喜び(21)

図１　ワークショップの組み立て案

絵本を取り入れた「相談する力を育む」出前授業

（スクールソーシャルワーカーによるワークショップ案）

2019 年　金澤ますみ

1.　対　象：●●小学校 6 年生・3 クラス

2.　時　間：45 分（授業 1 コマ）クラスごとに実施

3.　ねらい：相談することの価値を伝え、「相談できる力を育む」

＝言ってもいいよ（子どもの権利条約 12 条〈意見表明権〉）の具現化

前提：人は、何かあってからでは相談できない
文部科学省・厚生労働省「SOS の出し方教育」にソーシャルワークの視点を取り入れる。
➡相談するという行為の重要性・具体的な相談先や方法を教える

4.　内　容：疑問に思った時・困った時・悩んだ時に相談することの価値を伝える

相談できる大人はいる？？―相談できる人をみつけておこう！

【 5 分】移動・着席するまでにかかる時間？
① 【 5 分】自己紹介・ねらいの共有
② 【 5 分】絵本「サマンサのひみつきち」を読みます
③ 【15 分】みんなで考える。
- 絵本を読んで感じたことは？
- 「相談できる大人」を探しておこう。
- 展示用絵本の紹介

④ 【10 分】スクールソーシャルワーカーの紹介と歌のプレゼント
⑤ 【 5 分】ふりかえり用紙記入
自分の「あったらいいな、ひみつきち」を考えてみよう！

5.　教　室：候補→　右案の配置が可能な教室

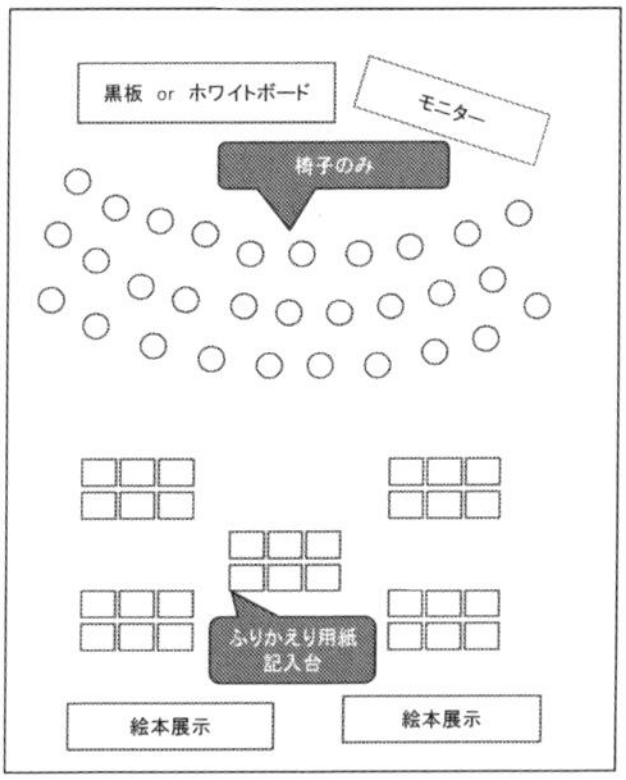

6.　準備物：

【持参】パソコン・スピーカー
絵本『サマンサのひみつきち』
配布物①　歌詞カード等
配布物②　ふりかえり用紙
展示用絵本

【お願いしたいもの】プロジェクタ

7.　確認事項

①　1 クラスの人数

②　その他

図2　ワークショップで示すパワーポイント資料の例（一部）

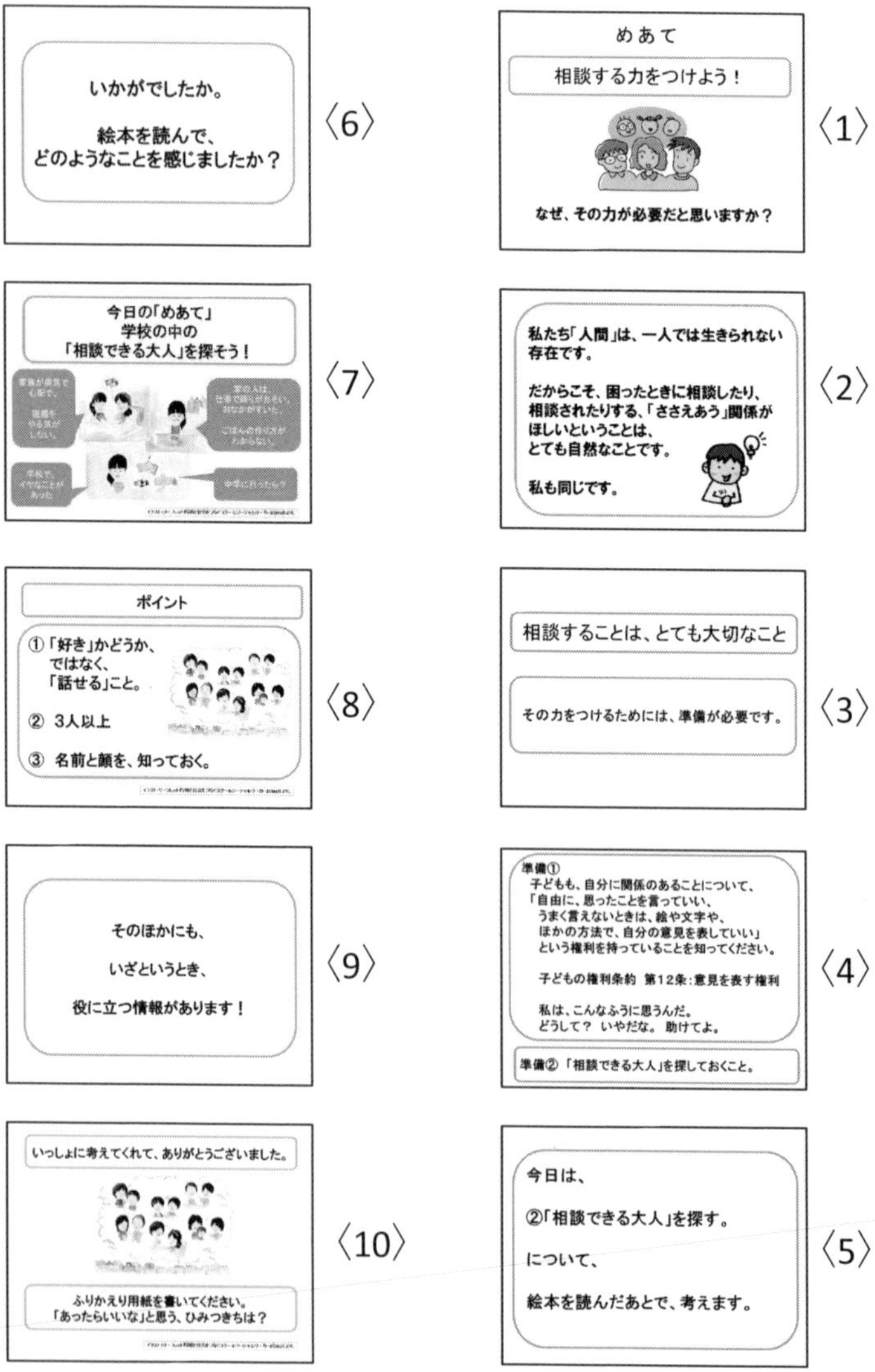

おわりに――外側から、そして内側から

「○○学」とつくと、何か日々の暮らしや生活とは距離のある難しいもののように感じてしまいます。「学校学」と名のついたこの本を読まれて、読者のみなさんは、どのように思われたでしょうか。

本書では、すべての執筆者が冒頭に「私と学校」について述べています。執筆者が生まれた時代背景とともにその学校のありよう、そこでのおとなとの出会いがその人の基盤をつくったり、その後の人生に影響を与えていることがわかります。執筆者一人ひとりの研究と実践、活動の根っこにある物語をそっと教えてもらった気持ちになります。子ども時代に過ごす場所と出会う人というのは、その人の人生を形作るように思います。

本文にも書かせていただいたように私の学校経験はあまり良いものではなく、おとなになったいまでも、学校に対してどうしても批判的なスタンスになりがちです。そのようなスタンスになる理由には、メディアを通じて耳にする学校が、当時の私が経験した学校のありようと根本的には変わ

っていないことを感じさせられるからです。そして、学校をめぐる問題は、私が子どもだった頃よりも悪化しているように感じられます。かつての私のように、自分を否定してつらい思いをしている子どもが現在進行形で存在するのではないかと思うのです。

いま、親となり、小学生の娘を通じてかかわっている学校ですが、保護者として悩むことも少なくありません。これは、あくまでも私が経験していることなので、どの学校もそうだということではありません。学校のことで、保護者の立場で素朴に抱く疑問については先生に尋ねることはできます。ただ、そこから学校のありようをともに考える主体となっていくことは容易ではありません。まして、何か子どもに問題が起きたときには、保護者が子どもの代弁者になり、子どもの聞き手になり、子どもの回復のための場所を確保するために奔走することになります。

さらに、「保護者」ではないおとなが、学校にかかわる場面について考えてみると、ほとんどないことに気づかされます。学校を修了すると、私も含め多くの人が、学校という場にかかわることはほとんどありません。自らの学校での経験を相対化して考える機会を持つことがないままおとなになっていきます。誰もが学校を経験したという当事者であるにもかかわらず、そうした当事者であった経験は、学校のありようにほとんど活かされていないのではないでしょうか。「さまざまな人」の考えが学校に伝わる機会も生まれません。

一方で、学校で働くことを生業とする職である教員の立ち位置の中心は、子どもたちを「教える人」「集団をまとめる人」となります。時間的にも、保護者や地域住民、支援機関の人たちとでさえ、学校のあり方について意見を交わすことが難しいということもあるのだと思います。同じ風景であっても、立ち位置が異なると見える風景はまったく違うものになります。学校という場が、「教える人」「集団をまとめる人」であるおとな側の物語だけをもとに教育政策や方法論が議論されるのだとしたら、それは、どんなに努力したとしても多様性を欠くものになってしまうのではないでしょうか。

多くの子どもは、学校を選べません。まして、私がかかわりを持っている社会的養護を必要とする子どものように、社会的に厳しい状況にいる子どもは、なお、選べません。それゆえに、その限られた場の中で出会うおとなの存在は大きなものです。学校が子どもにとって安心できる場、誰かとつながれる場、自分の可能性を広げる学びに出会える場であることは、文字通り命綱となります。同時に、そうした厳しい状況にある子どもを支えることができる学校は、すべての子どもたちを包摂する場になると考えています。

本書は、学校という場を、内側から外側から、サーチライトのようにさまざまな角度から照らし出した作品であるように思います。執筆者それぞれが、自らの子ども時代を振り返りながら、学校での経験とそのありようを相対化しようと試み、さまざまなスタンスで学校にかかわった経験をもとに、これからの学校の可能性について語ろうとしたものです。

一見個人的に見える出来事は、広く社会のありようとつながっています。一人で考えているだけでは、社会とのつながりは見えにくく、問題を解きほぐすヒントは見えにくいものです。まずは、

「平たく語り合うことから」と「学校学」という場をつくった金澤さんに感謝を伝えたいです。ともに学び合う場にいることで、心と体があたたまり、新しいアイディアが生まれてきます。別の学校では可能になっていることが、なぜ自分の地域ではできないのか、と新たな疑問も湧いてきます。語り合ううちに、いつのまにか「明日から工夫できる何か」に気づけていたりもします。そして、人と人との出会いをつくり、その出会いが新たな実践を生み出していくのです。私自身、学校学研究会をつうじて出会った人たちから、学校をあきらめないヒントをたくさん受け取りました。

「○○学」と名づける研究という営みは、自分自身の個人的な問いを核としながら、その問題を「公のもの」として取り扱い、語り合うことを助けます。自身の子ども時代を傍におきながら、学校について平たく語り合う場が増えていったら、学校という場に課せられた多くの課題も少しずつ取り除かれるかもしれません。まずは、そうした試みのひとつである本書から、読者のみなさんが、「明日から工夫できる何か」を見つけることができたのなら、執筆者一同うれしく思います。

長瀬 正子

編著者紹介

金澤ますみ（かなざわ・ますみ）桃山学院大学社会学部准教授

長瀬正子（ながせ・まさこ）　佛教大学社会福祉学部准教授

山中徹二（やまなか・てつじ）大阪人間科学大学人間科学部助教

学校という場の可能性を追究する11の物語
——学校学のことはじめ

2021年11月30日　初版第1刷発行

編著者　金澤ますみ
長瀬正子
山中徹二
発行者　大江道雅
発行所　株式会社　明石書店

〒101-0021　東京都千代田区外神田6-9-5
電話　03（5818）1171
FAX　03（5818）1174
振替　00100-7-24505
https://www.akashi.co.jp

装丁　明石書店デザイン室
印刷　株式会社文化カラー印刷
製本　協栄製本株式会社

（定価はカバーに表示してあります）　ISBN978-4-7503-5305-0

「チーム学校」を実現するスクールソーシャルワーク
理論と実践をつなぐメゾ・アプローチの展開

大塚美和子、西野緑、峯本耕治 編著

■A5判／並製／276頁 ◎2200円

本書は、豊富な事例とその根拠となる理論、法制度をセットにして、実践と理論、法制度を行き来しながら理解が深まるように構成を工夫した。実務者がさらにステップアップできる内容を盛り込み、教職員研修でのチームアプローチ理解の教材としても最適である。

内容構成

第1章 なぜ今、「チーム学校」なのか
「チーム学校」の背景／子どもをめぐる家庭や学校の状況／なぜスクールソーシャルワークが必要なのか／「チーム学校」に活かすスクールソーシャルワークの視点と方法／スクールロイヤーと「チーム学校」

第2章 スクールソーシャルワークのメゾ・アプローチ
なぜメゾ・アプローチが重要なのか／メゾ・アプローチを支える理論／メゾレベルの実践——校内における「チーム学校」作り／ミクロからメゾレベルへの連動——当事者とのケース会議で実現する「チーム学校」／メゾからマクロレベルへの連動——市町村における「チーム学校」のシステム作り

第3章 事象別で考える事例分析
不登校／子どもの貧困／子ども虐待とDV／発達障害／いじめ／学級崩壊／問題行動・非行

第4章 理論で考える事例分析
エコロジカル・アプローチ／システム理論／行動理論／危機介入理論／ナラティブ・アプローチ／愛着理論／トラウマ理論

第5章 今後のスクールソーシャルワーク実践の展望
理論に基づくスクールソーシャルワーク実践の意義／「チーム学校」におけるスクールソーシャルワーク実践の展望

子どもを虐待から守る制度と介入手法
イギリス児童虐待防止制度から見た日本の課題
峯本耕治著 ◎3300円

子ども虐待と貧困
「忘れられた子ども」のいない社会をめざして
松本伊智朗編著
清水克之、佐藤拓代、峯本耕治、村井美紀、山野良一著 ◎1900円

子ども虐待と家族
「重なり合う不利」と社会的支援
松本伊智朗編著 ◎2200円

すき間の子ども、すき間の支援
一人ひとりの「語り」と経験の可視化
村上靖彦編著 ◎2400円

スクールソーシャルワーク実践スタンダード
実践の質を保証するためのガイドライン
馬場幸子著 ◎2000円

学校現場で役立つ「問題解決型ケース会議」活用ハンドブック
チームで子どもの問題に取り組むために
馬場幸子編著 ◎2200円

修復的アプローチとソーシャルワーク
調和的な関係構築への手がかり
山下英三郎著 ◎2800円

ソーシャルワークと修復的正義
癒やしと回復をもたらす対話、調停、和解のための理論と実践
エリザベス・ベックほか編著 林浩康監訳 ◎6800円

〈価格は本体価格です〉